EUROPAVERLAG**BERLIN**

W0189033

Dominik Geppert

Ein Europa, das es nicht gibt

Die fatale Sprengkraft des Euro

EUROPAVERLAGBERLIN

© der deutschen Ausgabe 2013
Europa Verlag GmbH & Co. KG Wien Berlin München
Umschlaggestaltung:
Hauptmann & Kompanie Werbeagentur, Zürich
Satz: BuchHaus Robert Gigler, München
Druck und Bindung: cpi Clausen & Bosse, Leck
ISBN 978-3-944305-18-9

www.europa-verlag.com

Meinen Kindern Anton, Charlotte und Paul,
die im Europa der Zukunft leben werden

Inhalt

Vorwort

Die politische Krise Europas ruft nach einer Deutung, die sich der historischen Perspektive nicht verschließt. Die sechs Jahrzehnte während europäische Integration ist längst zu einem wichtigen Forschungsgegenstand geworden, den man nicht den Geschichtspolitikern allein überlassen darf. Die demokratische Legitimation der EU hängt nicht nur vom jeweiligen Institutionendesign ab, sondern auch davon, dass die Bürger verstehen, was vor sich geht und wie es entstanden ist.

Wer die Einigung Europas nach dem Zweiten Weltkrieg begreifen und sich ein eigenes kritisches Urteil bilden will, kommt mit harmonieverliebten Weichzeichnern nicht aus. Die Euro-Währungsunion war ein mutiges Experiment, mit dem für die einen ein neuer starker wirtschaftlicher Sachzwang zur politischen Einheit des Kontinents gesetzt und für andere die wirtschaftliche Dominanz Deutschlands vermindert werden sollte. Aber es war und es ist ein Experiment mit ungewissem Ausgang; eines, das enorme Kräfte freisetzt, die nach dem Geist und den Buchstaben der Verträge auf die Anpassung nationaler Politik an die Stabilitätsbedingungen der Währungsunion drängen. Wenn diese Anpassung verweigert wird oder sich als sachlich unmöglich erweist, können die enormen Kräfte auch zerstörerisch wirken. Sie könnten die europäischen Verträge und die supranationalen Institutionen verformen. Die unbewältigte Krise könnte uns alle in eine ganz andere Wirklichkeit führen, die nicht notwendigerweise die erträumten starken Vereinigten Staaten von Europa sein werden. Es könnte auch eine politisch prekäre Transferunion entstehen, die mit bürokratischen Mitteln immer größere Teile der Wirtschaft reguliert anstatt – gestützt auf die Grundfreiheiten und die offene soziale Marktwirtschaft – einen verlässlichen Wettbewerbsrahmen zu setzen.

Vor diesem Hintergrund und ersichtlich getrieben von der Sorge um die Zukunft des europäischen Projekts sucht Dominik Geppert mit der Schrift »Ein Europa, das es nicht gibt« nach den tieferen Gründen der Krise. Mit dem nüchternen Blick des Historikers nimmt er politische Gipfelerklärungen nicht zum Nennwert ihrer diplomatischen Sprache, sondern fragt nach den höchst heterogenen nationalen Interessen und den unterschiedlichen Sichtweisen auf Europa, die heute offen ausbrechen, aber immer schon bestanden haben. Dabei folgt er nicht dem kontinentalen Komment, der die englische Sicht auf Europa für (nur) egoistisch hält und irgendwie als bizarr wahrnimmt. Keine mitgliedstaatliche Politik, auch nicht die deutsche, wird hier affirmativ oder mit Aversionen behandelt, sondern in der Vielfalt offen dargestellt. Geppert gelangt dabei zu dem harten Urteil, die europäische Währungsunion sei eine Fehlkonstruktion. Er gelangt zu einem solchen Urteil, indem er die nationalen Ziele der Väter der Währungsunion untersucht, aber auch ökonomisch wertet – immer im Blick auf historische Erfahrungen – und Zeitzeugen zu Wort kommen lässt, deren Mahnung viele zuerst in den Wind geschlagen und dann gezielt vergessen haben. Für Geppert ist die Währungsunion der untaugliche Versuch, die europäischen Volkswirtschaften zu fusionieren, um die Geister der Vergangenheit endgültig loszuwerden, während sie in Wirklichkeit genau dadurch wieder geweckt wurden.

Bevor hier mit der nicht seltenen Voreiligkeit der Stab über einen Europaskeptiker gebrochen wird, sollte sich der Leser auf die Argumente einlassen. Es hilft der Einheit Europas nicht, Probleme und Interessengegensätze zu leugnen. Das mochte noch in der Startphase der Integration notwendig sein, um Zustimmung zu erlangen. Ein Europa der verdeckten Konflikte und des permissiven Konsenses kann auf Dauer nicht alle zufrieden stellen, wohl aber alle unzufrieden machen. In Wirklichkeit gelingt Europa nicht durch Leugnung von Unterschieden und Interessengegensätzen, sondern durch die Zivilisierung der Gegensätze in einem teilweise verselbständigten Verhandlungssystem der EU-Organe und mithilfe einer rationalen Ordnung des Wettbewerbs.

Eine immer enger werdende Union, die mit immer neuen Mitgliedern, neuen Projekten und immer neuer Zentralisierung der Zuständigkeiten angeblich in steter Bewegung bleiben muss, stößt nach Ansicht Gepperts an Grenzen, weil das demokratische Legitimationssystem im Staatenverbund für diese Entwicklung nicht gerüstet sein kann. Seine resümierende Mahnung deckt sich mit Urteilsgründen der Lissabon-Entscheidung des Bundesverfassungsgerichts aus dem Jahr 2009. Im Europa der Zukunft werden die einzelnen Nationen als Träger von Demokratie, Recht und Sozialstaat weiter eine tragende Rolle spielen. Sie können das allerdings nur, und das sollten auch die Protagonisten einer Renationalisierung in Rechnung stellen, wenn sie sich in einer gemeinsamen EU konstruktiv verflechten, durch Handel, eine ausgewogene Wettbewerbsordnung des Binnenmarktes, die Definition gemeinsamer Interessen und gemeinsames Auftreten in der Welt. Dabei gilt es zu erkennen, dass solche Bindung der Staaten untereinander für das einzelne Land nicht die Buchung eines All-Inclusive-Pakets ist, sondern gerade wegen der Bindung zusätzliche Anstrengungen verlangt sind, die eigenen Hausaufgaben zu machen, bevor man an die Hilfe anderer denkt. Vor Einheits-Illusionen, die derartige Zusammenhänge verdecken, warnt der Autor, weil die Mitgliedstaaten auch weiterhin ihre eigenen Interessen verfolgen, die mal miteinander harmonieren und mal divergent sind. Wenn wir – und damit meint Geppert heute wohl nicht nur die Deutschen – »einseitig die europäische Solidarität beschwören und nationale Traditionen, Denkweisen und Interessen verleugnen, sind wir auf ein Europa fixiert, das es nicht gibt«.

Bonn, im Juli 2013
Udo Di Fabio

1.
Die europäische Krise in historischer Perspektive

Geschichte wiederholt sich nicht, hat der amerikanische Schriftsteller Mark Twain einmal gesagt, aber manchmal reimt sie sich. Das gilt auch für die tiefe politische und wirtschaftliche Krise, in der wir uns in Europa heute befinden. Wir stecken nicht in einer historischen Endlosschleife fest, die uns dazu verdammt, dieselben Fehler immer wieder zu begehen. Geschichtliche Wiederholungszwänge gibt es nicht. Aber ohne die Anklänge der Vergangenheit in der Gegenwart zu erkennen und ohne um die verschiedenen Vorgeschichten der aktuellen Schwierigkeiten zu wissen, können wir die gegenwärtige Malaise nicht verstehen.

Bislang wird die Auseinandersetzung über die Zukunft Europas vor allem ökonomisch geführt. Sie wird von den älteren Generationen geprägt. Und sie ist hierzulande oft allzu sehr auf Deutschland, auf die deutschen Krisendeutungen und Zukunftsvisionen beschränkt. Die folgenden Überlegungen sind zwar ebenfalls aus einer deutschen Perspektive geschrieben, aber sie wollen die gegenwärtige Krise in einen breiteren europäischen Kontext einordnen. Sie wollen ihr eine größere historische Tiefenschärfe geben und einen alternativen Lösungsansatz umreißen. Die Zukunftsentwürfe, die momentan zur Debatte stehen, stammen meist von Männern über 60, die oft ihre über Jahrzehnte gewachsenen Überzeugungen gegen eine widriger werdende Wirklichkeit zu verteidigen suchen. Die Jüngeren hingegen, die länger im neuen Europa leben werden und deren Kinder die Zukunft des Kontinents sind, hüllen sich in Schweigen.

Ich selbst bin Jahrgang 1970 und gehöre damit zu einer Altersgruppe, die in ihrem Leben selbst keinen Krieg mehr erlitten hat. Das ist unser Glück, nicht unser Verdienst. Aber es prägt, ob wir wollen oder nicht, unseren Blick auf die Gegenwart und unsere Erwartungen an die Zukunft. Existenzielle Erfahrungen lassen sich nicht einfach von einer Generation an die nächste weiterreichen wie ein Staffelstab. Man mag uns für naiv halten, weil nicht mehr die Kriegserfahrung unsere politischen Überlegungen dominiert. Doch es kann auch von Vorteil sein, wenn es schwieriger wird, mit Verweis auf den Krieg eine Politik zu rechtfertigen, die momentan Konflikte in Europa intensiviert, statt sie zu vermindern.

Die weltgeschichtlichen Umwälzungen, die meine Generation in ihrer Jugend und im jungen Erwachsenenalter während der 1980er und 1990er Jahre erlebt hat, waren von anderer Art. Wir sind zum einen vom Trend zu weltweiter Deregulierung und Ökonomisierung geprägt worden und haben zum anderen das Ende des Kalten Krieges, den Zusammenbruch des Sowjetimperiums, die Wiedervereinigung Deutschlands und Europas als historische Wendepunkte erlebt, die unser Leben bestimmt haben. Beide Entwicklungen standen in einem gewissen Widerspruch, zumindest in einem Spannungsverhältnis zueinander. Die Globalisierung wies den Einzelstaaten die Grenzen ihrer Handlungsmöglichkeiten auf. Die Implosion des Kommunismus hingegen zeigte, dass Nation und Nationalstaat nicht nur Zerstörungskraft entfalten, sondern auch befreiend wirken können.

Die Zunft der Historiker, zu der ich gehöre, hält sich – von Ausnahmen abgesehen – in den Diskussionen um die europäische Krise eher zurück. Wenn gegenwärtig überhaupt eine Debatte über die Zukunft Europas stattfindet, wird sie von Wirtschaftswissenschaftlern geführt. Dabei ist die europäische Währungsunion von ihrer Entstehungsgeschichte und ihrer Zielsetzung her von Anfang an ein politisches Projekt gewesen, das mit historischen Notwendigkeiten begründet wurde. Wirtschaftliche Überlegungen waren demgegenüber zweitrangig. Es ist daher wichtig, nicht nur die ökonomischen Konstruktionsmängel des Euro zu verstehen, sondern auch die politischen Fehlannahmen und die historischen Trugschlüsse, die ihm zugrunde liegen. Sonst begreift man nicht, wie sich die Staaten der Europäischen Union in die Sackgasse manövrieren konnten, in der sie sich heute befinden.

Gelegentlich werden wir Historiker ermuntert, bei der Gestaltung Europas mitzuhelfen, indem wir eine neue geschichtliche Großdeutung des Integrationsprozesses entwerfen. Daran ist oft die Forderung geknüpft, bessere historische Begründungen für die gegenwärtige Politik der europäischen Regierungen zu finden. Derartige Erwartungen kann eine seriöse Geschichtswissenschaft kaum erfüllen. Sie kann aber herausfinden helfen, ob die überkommenen historischen Legitimationen der europäischen Integration den aktuellen Entwicklungen noch standhalten. Sie kann Antworten auf die Frage geben, welche alternativen Lehren sich aus der Vergangenheit ziehen lassen und welche neuen Perspektiven sich eröffnen, wenn man den historischen Blickwinkel verändert.

Ein guter Ausgangspunkt zu testen, was geschieht, wenn man die überkommenen Sichtachsen verschiebt, ist die Juli-Krise des Jahres 1914, die sich bald zum hundertsten Male jährt. Auf den ersten Blick verbindet uns kaum noch etwas mit jener Welt der halbautokratischen Monarchien und Großmachtrivalitäten, die damals gleichsam schlafwandlerisch dem Ersten Weltkrieg entgegentaumelte. Die europäischen Staaten haben dem Wettlauf in der Flotten- und Heeresrüstung abgeschworen. In unseren Gesellschaften wird militärische Macht kaum noch unkritisch bewundert, eher misstrauisch beäugt. Der Glaube an den Krieg als ultimativen Test für die Standortbestimmung von Nationen in der internationalen Politik ist uns fremd geworden. In der ersten Hälfte des 20. Jahrhunderts, so könnte man sagen, existierten die europäischen Staaten durch den Krieg und für den Krieg. In der zweiten Jahrhunderthälfte wurden sie durch und für den Frieden umgebildet.

Nach allem, was wir heute einschätzen können, droht auf absehbare Zeit kein weiterer großer Krieg in Europa. Die Erinnerung an die beiden Weltkriege des 20. Jahrhunderts verblasst. Nur wer heute über 70 Jahre alt ist, hat den zweiten noch selbst erlebt. Der Frieden ist – auch dank der europäischen Integration – für fast alle Europäer glücklicherweise zum Normalzustand geworden. Für unseren Kontinent scheint sich Victor Hugos Prophezeiung von 1849 bewahrheitet zu haben, es werde der Tag kommen, »an dem es keine anderen Schlachtfelder geben wird als die Märkte, die sich dem Handel, und die Geister, die sich den

Ideen öffnen«.[1] Die Auseinandersetzungen, in denen wir uns gegenwärtig befinden, werden auf eben jenen »Schlachtfeldern« des Handels und der Ideen ausgetragen, nicht in den Schützengräben des Ersten oder den Panzerschlachten des Zweiten Weltkriegs.

Heute ist die Wirtschaft in mancher Hinsicht an die Stelle des Militärischen getreten. Während sich früher die Rangordnung der Nationen aus der Größe ihrer Armeen und aus der Bilanz ihrer Siege und Niederlagen im Krieg ergab, liefern heute eher die ökonomischen Parameter von Produktivität und Bruttosozialprodukt Hinweise auf den Stellenwert einzelner Staaten im globalen Machtgefüge. Man kann diese Verschiebung mit guten Gründen als zivilisatorischen Fortschritt betrachten. Den Anfang einer konfliktfreien Ära harmonischen Einvernehmens zwischen Staaten und Gesellschaften, wie es die Vorkämpfer der Freihandelsdoktrin um Richard Cobden und John Bright im 19. Jahrhundert erwartet hatten, markiert sie jedoch nicht.

Deswegen gibt es bei genauerem Hinsehen doch Parallelen zu jener großen europäischen Krise am Vorabend des Ersten Weltkriegs. Damals wie heute laden sich Nationalismen, medial verstärkt, dramatisch auf. In einer Zeit intensiver globaler Verflechtung wächst das Misstrauen zwischen den europäischen Völkern. Vor allem Deutschland als größtes Land in der Mitte des Kontinents wird immer stärker als Bedrohung empfunden – ehemals wegen seiner militärischen, aktuell wegen seiner wirtschaftlichen Macht. Umgekehrt

---

1 Eröffnungsansprache des internationalen Friedenskongresses, 21. bis 24. August 1849, zitiert nach Hagen Schulze, Ina Ulrike Paul (Hrsg.): Europäische Geschichte. Quellen und Materialien. München 1994, S. 356–357.

sieht sich Deutschland durch Koalitionen anderer Länder ausgegrenzt und eingekreist, früher militärisch, gegenwärtig im Rat der Europäischen Zentralbank und auf den Gipfeltreffen der europäischen Staats- und Regierungschefs. Der Eindruck verstärkt sich, man werde übervorteilt. Einige politische Schlagworte der Juli-Krise von 1914 – die »Einkreisung«, der »Blankoscheck«, die »Flucht nach vorn« oder der »Sprung ins Dunkle« – gewinnen im Jahr 2013 eine ungeahnte Aktualität.

Wie damals ist auch die aktuelle Krise an der südöstlichen Peripherie Europas ausgebrochen und droht von dorther den gesamten Kontinent zu erfassen. Heute wie vor 1914 spielen die Entscheidungsträger mit hohem Risiko. Sie befinden sich alle, ihrer eigenen Einschätzung nach, in der Defensive und haben ein gemeinsames Interesse daran, einen schlimmen Ausgang zu verhindern. Zugleich jedoch verfolgen sie Eigeninteressen, die einander ausschließen, und nutzen die verbreitete Angst vor einer großen Katastrophe, um ihre Vorstellungen gegen die Widerstände anderer Länder durchzusetzen.[2] Vor 1914 gelang es mehrfach, europäische Krisen zu entschärfen und den großen Krieg zu vermeiden, so wie es derzeit die europäischen Regierungen bislang stets gerade noch geschafft haben, mit immer neuen Rettungspaketen die steigende Zahl der Krisenstaaten vor der Insolvenz und den Euro vor dem Zusammenbruch zu bewahren.[3]

---

2 Vgl. Christopher Clark: The Sleepwalkers. How Europe Went to War in 1914. London 2012, S. 555.
3 Vgl. Jost Dülffer u. a. (Hrsg.): Vermiedene Kriege. Deeskalation von Konflikten der Großmächte zwischen Krimkrieg und Erstem Weltkrieg. München 1997.

17

Doch allerorten überlagert ein vages Unbehagen, dass es wie bisher nicht mehr lange weitergehen kann, das Gefühl der Sicherheit, das in Jahrzehnten von Frieden und Wohlstand gewachsen ist. Organisierte Interessen – seinerzeit vor allem Landwirtschaft und Schwerindustrie, gegenwärtig die Finanzbranche und die großen Exportunternehmen – üben machtvollen Einfluss auf die Politik aus. Die politischen Eliten fühlen sich in ihren Entscheidungen zunehmend gehetzt. Vor hundert Jahren ging der Zeitdruck von den Aufmarschplänen der Massenheere aus, heute wird er von den Öffnungszeiten der Börsen in London, New York und Tokio hervorgerufen. Regeln, die auf friedlich-schiedlichen Interessenausgleich zielen, erodieren. Das Recht verliert seine Verbindlichkeit. An seine Stelle treten diplomatische Manöver oder – frei nach Carl Schmitt – die machtpolitische Logik des Ausnahmezustands. Die langen Schatten von 1914, schrieb vor einiger Zeit der Historiker Michael Stürmer, lägen, auch wenn man sie im grellen Tageslicht kaum wahrnehme, noch immer auf Europa: Es sei wahrhaft tragisch zu nennen, dass die gemeinsame europäische Währung, »gedacht als goldener Reif um Europa, zum Reibeisen geworden« sei.[4]

Die historischen Parallelen zu der Zeit vor 1914 spielen allerdings in den aktuellen deutschen Diskussionen über Europas Zukunft kaum eine Rolle. Andernorts ist die historische Situation vor dem Ersten Weltkrieg stärker präsent. Nicht zufällig drohte der französische Staatspräsident François Mitterrand dem deutschen Außenminister Hans-Dietrich Genscher im November 1989, wenn sich Deutschland vereinige, bevor die Einigung Europas erreicht sei, werde es

---

4 Michael Stürmer: Die Schatten von 1914, in: Die Welt vom 20. Juli 2012.

sich, wie 1913, einer Triple Entente aus Frankreich, England und Russland gegenübersehen – »und das werde im Krieg enden«.[5] Als Genscher Ende 1991 drängte, die Unabhängigkeit Sloweniens und Kroatiens möglichst bald anzuerkennen, bemerkte Mitterrand zum damaligen britischen Außenminister Douglas Hurd, man habe es mit einer Neuauflage von 1914 zu tun: *»Mais vous comprenez, Monsieur le Ministre, c'est quatorze encore une fois.«*[6]

In deutschen Diskussionen sind derartige Konnotationen weitgehend unter den Trümmern des Zweiten Weltkrieges verschüttet und von den Verbrechen des Nationalsozialismus überlagert. Der Große Krieg von 1914 bis 1918 kommt, wenn überhaupt, als eine Art Probelauf für den noch größeren von 1939 bis 1945 in den Blick. Wenn es um die historische Begründung der europäischen Einigung geht, ist die Rede meist vom Wiederaufstieg des Kontinents aus den Trümmern zweier verheerender, von Deutschland angezettelter Kriege, der über verschiedene Zwischenstadien irgendwann einmal auch zur politischen Einheit Europas führen werde. Gemäß dieser Deutung überwanden die europäischen Nationen in der zweiten Hälfte des 20. Jahrhunderts ihre Feindschaft durch supranationale Zusammenarbeit: zuerst in der Montanunion, später in der Wirtschaftsgemeinschaft und schließlich in der angeblich mehr oder weniger notwendig daraus folgenden Währungsunion. Rechtsstaat, Demokratie, Sicherheit und Wohlstand seien in Europa seit 1945 dadurch gewährleistet worden, dass die Staaten

---

5   Jacques Attali: Verbatim, Band 3: Chronique des années 1988–1991. Paris 1995, S. 354.
6   Douglas Hurd: Memoirs. London 2003, S. 448.

nationale Interessen zugunsten des großen europäischen Ganzen hintanstellten. Nur auf diese Weise hätten sie jene kritische Größe erreichen können, die notwendig sei, um in Weltpolitik und Weltwirtschaft als gleichberechtigte Mitspieler neben den Vereinigten Staaten, Russland oder China aufzutreten.

Für die Bundesrepublik brachte das Projekt Europa in dieser Lesart nicht nur die schrittweise Rückgewinnung staatlicher Souveränität und Schutz vor der Sowjetunion im Kalten Krieg, sondern auch die Versöhnung mit Frankreich, den Ausweg aus einer gefährlichen außenpolitischen Isolierung und die Erlösung aus jener halbhegemonialen Position, in der sich Deutschland seit 1871 befunden hatte: zu schwach, um den Kontinent zu dominieren, und zu stark, um sich in das europäische Mächtegefüge einzuordnen. In gewisser Weise erscheint die europäische Einigung als logische Fortsetzung, Konsequenz und schließlich Ersetzung der deutschen Nationalgeschichte.

Das Problem dieser gängigen Interpretation besteht darin, dass sie mit den Entwicklungen der vergangenen Jahre immer weniger in Einklang zu bringen ist. Die überkommenen historischen Begründungen der europäischen Einigung, so lautet eine These dieses Buches, verkehren sich in der aktuellen Krise ins Gegenteil. Das gilt für den Abbau zwischenstaatlicher Konflikte ebenso wie für die Bewahrung von Recht und Demokratie und die Mehrung von Sicherheit und Wohlstand. Trotzdem wird, wer an der herkömmlichen Sichtweise zweifelt, schnell als geschichtsvergessen und perspektivlos, wenn nicht gar als Anti-Europäer, »Euro-Nörgler«, professoraler »Besserwisser« oder »Nationalstaatsorthodoxer« abgestempelt.

20

Fehlentwicklungen festzustellen und nach Alternativen zu suchen bedeutet jedoch nicht, dass man automatisch gegen eine europäische Währung, gegen die Europäische Union oder gar gegen »Europa« ist. Ein zentrales Problem der aktuellen Diskussionen, so eine weitere These dieses Buches, besteht gerade darin, dass allzu oft verschiedene Dinge teils sprachlich leichtfertig, teils in politischer Absicht miteinander vermischt werden, die man genau unterscheiden muss, um die Wirklichkeit zu verstehen und haltbare Lösungen zu finden. Der Euroraum ist eben nicht mit der Europäischen Union insgesamt gleichzusetzen. Die EU sollte man nicht mit Europa und Europa nicht mit der westlichen Wertegemeinschaft verwechseln.

Die Realität der EU ist auch nicht identisch mit dem Mythos »Europa«, den mehrere Generationen europäischer Idealisten gepflegt haben. Der Prozess der europäischen Einigung verlief weniger geradlinig und kontinuierlich, als uns der Mythos glauben machen will.[7] Nicht nur hochherzige Ideale haben ihn geprägt, sondern mindestens so sehr realistisches Kalkül. Mitunter stießen idealistische Vorstellungen einen weiteren Integrationsschub an. Doch verhakte sich die ursprüngliche Vision später oft in den Realitäten und Alltäglichkeiten der europäischen Politik. So geschah es nach dem Entstehen der Europäischen Wirtschaftsgemeinschaft (EWG), die sich nicht, wie von Walter Hallstein und anderen erhofft, zur Europäischen Politischen Gemeinschaft (EPG) ausbauen ließ. Ähnlich lagen die Dinge dreißig Jahre später bei der Währungsunion, aus der nicht die von Hel-

---

7 So auch Andreas Wirsching: Der Preis der Freiheit. Geschichte Europas in unserer Zeit. München 2012, S. 402.

mut Kohl und Hans-Dietrich Genscher erträumte Politische Union erwuchs, oder beim europäischen Konvent, der eben keine gemeinsame europäische Verfassung hervorbrachte. Die europäische Integration war keine lineare Fortschrittsgeschichte, sondern vollzog sich in Schüben und Sprüngen, nicht teleologisch auf das ein für alle Mal vorgegebene Ziel eines supranationalen Bundesstaates hin, sondern zukunftsoffen: in Reaktion auf unvorhersehbare äußere Ereignisse, in Anpassung an veränderte politische, ökonomische, soziale, auch weltanschauliche Rahmenbedingungen. Es wäre falsch, realitätsblind an überkommenen Geschichtsbildern festzuhalten, die eine Alternativlosigkeit der Entwicklung vorgaukeln. Vielmehr gilt es, genau zu analysieren, unter welchen konkreten Umständen sich der Integrationsprozess historisch beschleunigte, wann und weshalb er stockte, die Richtung wechselte, seinen Charakter veränderte.

Die entscheidenden Transformationsphasen fielen dabei aus deutscher Sicht in die Amtszeiten der drei wichtigsten christdemokratischen Regierungschefs: Konrad Adenauer, Helmut Kohl und Angela Merkel. Das gilt für die 1950er Jahre ebenso wie für die Zeit seit Mitte der 1980er Jahre bis zum Abschluss der Verträge von Maastricht (1992) und Amsterdam (1997) und schließlich jüngst wieder für die Phase seit Beginn der aktuellen Krise 2010. In diesen Zeitspannen wurden die bedeutsamsten europäischen Initiativen gestartet, die größten Triumphe gefeiert und die schlimmsten Fehlschläge erlitten: die Montanunion des Schuman-Plans 1950, die gescheiterten Pläne einer integrierten Europa-Armee und einer Europäischen Politischen Gemeinschaft in der ersten Hälfte der 1950er Jahre, die erfolgreiche Etablierung der Europäischen Wirtschaftsgemeinschaft ab 1958, der europäische Binnenmarkt mit der Einheitlichen Europäischen Akte von 1986, die Europäische Wirtschafts- und Währungsunion in den 1990er Jahren, der gescheiterte Verfassungsvertrag von 2005 und zuletzt die aus der Not geborenen, in ihren Konsequenzen aber nicht minder weit reichenden Maßnahmen der verschiedenen Rettungspakete in der europäischen Schuldenkrise.

Auch wenn die deutschen Regierungen gern auf die Kontinuität ihrer Europapolitik verwiesen, fallen in der historischen Rückschau mindestens ebenso sehr die Brüche und tektonischen Verschiebungen auf. Manchmal wird sogar von einer »zweiten Gründung« der europäischen Integration seit Ende der 1980er, Anfang der 1990er Jahre gesprochen.[8] Tatsächlich unterschied sich das karolingische Adenauer-Europa des Kalten Krieges fundamental von dem nach Süden, Norden und Osten geographisch erweiterten und zugleich institutionell vertieften Europa, das Helmut Kohl hinterließ. Im Europa der Sechs war die Entscheidungsfindung auf europäischer Ebene noch relativ einfach. Im Europa der 28, dessen voller Umfang erst nach Kohls Amtszeit mit den Osterweiterungen 2004, 2007 und 2013 erreicht wurde, ist sie äußerst langwierig und zum Teil kaum noch möglich.

Zudem lehren Geschichte und Psychologie, dass der Zusammenhalt einer Gruppe enger ist, wenn es einen äußeren Feind gibt. Mit dem Wegfall der Bedrohung durch die Sowjetunion musste sich die Europäische Gemeinschaft, deren

---

8 Ludger Kühnhardt: European Union – The Second Founding. The Changing Rationale of European Integration, 2. Auflage. Baden-Baden 2010.

Existenz im Kalten Krieg immer auch durch die Magnettheorie auf der Basis westlichen Wohlstands legitimiert wurde, teilweise neu erfinden. Ein neuer Feind vom Bedrohungspotential der Sowjetunion ist dabei vorerst nicht in Sicht. Die Erwartung von Jürgen Habermas und Jacques Derrida, aus der gemeinsamen Opposition gegen den amerikanischen Militarismus im Irakkrieg könne eine neue europäische Identität entstehen, hat sich glücklicherweise nicht erfüllt.[9] Und China ist auf absehbare Zeit mindestens ebenso sehr Handelspartner wie strategische Gefahr.

Ein weiterer zentraler Unterschied war die Verlagerung des politischen Gleichgewichts in der europäischen Staatenwelt. In Adenauers Europa blieb die Bundesrepublik im Zweifel stets auf den militärischen Schutz der Alliierten angewiesen. Diese Abhängigkeit glich die wachsende deutsche Wirtschaftskraft aus. Spätestens mit dem Ende des Kalten Krieges und der deutschen Wiedervereinigung nahm jedoch die Bedeutung des Militärischen ab und die Ökonomisierung der europäischen Politik zu, auch wenn uns die Konflikte auf dem Balkan, in Afghanistan und im Irak klar vor Augen führen, dass ohne die USA militärisch weiterhin so gut wie nichts geht.

Nicht nur Frankreich und die kleineren Mitgliedstaaten machten sich Sorgen wegen der Verschiebung der europäischen Machtbalance durch die deutsche Einheit. Auch der Bundeskanzler sah die Entwicklung mit Sorge. Kohls Lösung bestand nicht nur darin, die deutsche Währung in Maastricht zu europäisieren. Er wollte überdies mit der

---

9 Siehe die Habermas-Derrida-Erklärung in der FAZ vom 31. Mai 2003; vgl. auch Jürgen Habermas: Der gespaltene Westen. Frankfurt a. M. 2004.

Schaffung einer unumkehrbaren Politischen Union das Prinzip des Mächtegleichgewichts auf dem Kontinent ein für alle Mal aufheben. Sein Angriff auf das konstituierende Prinzip der neuzeitlichen Staatenwelt scheiterte freilich am Willen der anderen Europäer. Statt ein neues, wohlaustariertes Gleichgewicht zu schaffen, führten der Maastrichter Vertrag und die Währungsunion auf der einen Seite zur verstärkten Wirtschaftsdominanz Deutschlands und auf der anderen zum institutionellen Übergewicht Frankreichs und der krisengeschüttelten Südländer im EZB-Rat.

Dieses von niemandem gewollte Ergebnis, so bemerken wir heute mit einigem Schrecken, ist in sich so wenig kohärent und tragfähig, dass es an seinen inneren Widersprüchen zu zerbrechen droht. Die Spannungen sind nicht nur im Verhältnis der europäischen Staaten zueinander zu spüren, sondern mindestens ebenso sehr innerhalb der einzelnen Staaten und Gesellschaften selbst. Entsprechend tiefe Spuren hat die Krise in den vergangenen drei Jahren in der Innenpolitik der meisten europäischen Länder hinterlassen. In aller Regel wurden dabei jene Parteien und Politiker vom Wähler belohnt, die sich gegen die EU, gegen »Europa« oder auch gegen Deutschland positioniert hatten.

Am deutlichsten waren die Verwerfungen in den Staaten zu spüren, die am tiefsten im Sumpf der staatlichen oder privaten Schulden zu versinken drohten. In Griechenland katapultierte die Schuldenkrise die Sozialistische Partei aus der Regierungsverantwortung an den Rand des politischen Abgrunds. Hatte sie bei der Wahl im Herbst 2009 noch die absolute Mehrheit der Sitze im Parlament errungen, so gehören ihr seit dem Juni 2012 nur noch 33 von 300 Abgeordneten an. Der linke Populist Alexis Tsipras hingegen führte seine Partei fast aus dem Nichts auf den zweiten Platz. In Irland erging es *Fianna Fáil*, traditionell eine der beiden großen irischen Volksparteien, nicht anders. Auch sie wurde für die Umsetzung der durch die internationalen Rettungsmaßnahmen diktierten Austeritätspolitik abgestraft und besitzt seit den Wahlen vom Februar 2011 im irischen Unterhaus nur noch 20 von 166 und im Oberhaus 14 von 60 Sitzen.

Portugals Premierminister José Sócrates trat im März 2011 zurück, nachdem die Oppositionsparteien weitere Sparmaßnahmen abgelehnt hatten, die durch die Verschuldung des Landes nötig geworden waren. In Italien musste Silvio Berlusconi im November 2011 unter dem Druck der Krise abtreten. Ihm ist aber bei den Neuwahlen im Februar 2013 mit einem anti-europäischen und anti-deutschen Wahlkampf eine bemerkenswerte Rückkehr gelungen, während die Technokraten-Regierung um Mario Monti für ihren mit Steuererhöhungen verbundenen Konsolidierungskurs vom Wähler bestraft wurde. Die von Monti ins Leben gerufene Partei blieb unter zehn Prozent der Stimmen.

Nicht nur die überschuldeten Staaten an der südlichen und westlichen Peripherie Europas erlebten tektonische Verschiebungen der innenpolitischen Verhältnisse. In Frankreich hatte Präsident Nicolas Sarkozys UMP bereits bei den Regionalwahlen im März 2011 eine schwere Niederlage erlitten, nicht zuletzt gegen den rechtsextremen *Front National*. Im Jahr darauf verlor der Präsident selbst sein Amt gegen den Sozialisten François Hollande, der sich scharf von Sarkozys Politik distanzierte und insbesondere das gemeinsame Krisenmanagement mit Bundeskanzlerin Angela Merkel kritisierte. In den Niederlanden war die Minderheitsregierung von Premier Mark Rutte bis September 2012 auf den Populisten Geert Wilders angewiesen, der mit anti-europäischen Parolen Stimmung macht.

In Belgien verhinderten die flämischen Nationalisten ein Jahr lang die Bildung einer Regierung – selbst für das leidgewohnte Belgien eine extrem lange Zeit der Unsicherheit. In Finnland verfünffachte die Anti-Euro-Partei der Wahren Finnen im April 2011 ihren Stimmenanteil und wurde zur drittstärksten Kraft. Bei den Präsidentschaftswahlen im Jahr darauf belegte ihr Spitzenkandidat Timo Soini mit knapp zehn Prozent der Stimmen immerhin noch den vierten Platz. Außerhalb der Eurozone geraten die ohnehin europaskeptischen Konservativen in Großbritannien unter immer stärkeren Druck der *United Kingdom Independence Party* (UKIP), die sich für einen Austritt des Landes aus der EU stark macht.

Nur in Deutschland schien es lange so, als überstehe die Parteienlandschaft die Erschütterungen der europäischen Krise vollständig unbeschadet. Die Hilfsmaßnahmen, zu denen die Bundesrepublik den Löwenanteil beisteuerte, wurden im Bundestag stets mit breiten Mehrheiten von Christdemokraten, Liberalen, Grünen und Sozialdemokraten verabschiedet. Zwar votierten einige Abgeordnete von Union und FDP gegen die verschiedenen Rettungspakete, und in der FDP scheiterte ein Mitgliederentscheid gegen den Euro-Rettungsfonds ESM vergleichsweise knapp, aber erst spät etablierte sich mit der Gründung der Alternative für Deutschland (AfD) eine parteipolitisch organisierte Opposition gegen den europapolitischen Kurs der Regierung Merkel. Vergleicht man die AfD mit den euroskeptischen Parteien und Bewegungen in anderen Ländern, so sticht vor allem ins Auge, wie gemäßigt deren Sprecher argumentieren und wie sehr sie bemüht sind, jeden Anschein populistischer Bauernfängerei zu vermeiden.

Noch hält der Konsens der traditionellen europäischen Eliten, die überkommenen Formen der Integration um beinahe jeden Preis zu bewahren und auch an der Gemeinschaftswährung in ihrer jetzigen Zusammensetzung nicht zu rütteln. Zugleich aber erodieren die Fundamente, auf denen die Konstruktion ruht. Wie Adenauers und de Gaulles karolingisches Europa in den 1980er und 1990er Jahren von Grund auf umgeformt wurde, so wird in der gegenwärtigen Krise das Europa Kohls und Mitterrands transformiert. Es macht einem neuen Europa Platz, dessen Konturen noch unklar sind.

Jede Generation, so scheint es, muss sich auf dem Erbe der Eltern und Großeltern ihr eigenes Europa bauen. Jede Neuordnung spiegelt das Ausmaß wider, in dem sich die politischen, ökonomischen und kulturellen Verhältnisse unseres Kontinents gewandelt haben. Und jede Generation ist aufs Neue dafür verantwortlich, dass die Statik des europäischen Hauses trägt: dass Europa demokratisch und rechtsstaatlich verfasst ist, dass es den Wohlstand breiter Bevölkerungsschichten ermöglicht und innerhalb möglichst offener Grenzen ein friedliches Zusammenleben für alle sichert. Nach 1945 ist dies über viele Jahrzehnte trotz oftmals unterschiedlicher Interessen relativ gut gelungen, auch weil sich die Europäer immer wieder in Kompromissen zusammenfinden konnten. Doch bietet vergangener Erfolg keine Gewähr dafür, dass sich daran in Zukunft nichts ändert. Die Aussichten für die notwendige Neuausrichtung sind derzeit nicht günstig.

2.
Europas geschichtliche Vielfalt

Die europäische Integration nach 1945 hatte verschiedene Triebkräfte. Es gab die ökonomische Notwendigkeit, die organische Verflechtung zwischen den Industriegebieten an Rhein und Ruhr, im Saarland, in Luxemburg und in Lothringen nach den Verwerfungen eines dreißig Jahre währenden europäischen Bürgerkrieges wiederherzustellen. Politisch hatten die beiden Supermächte USA und Sowjetunion den Europäern im Kalten Krieg eine Ordnung der Stabilität und Passivität oktroyiert, die auf der Drohung gegenseitiger nuklearer Vernichtung beruhte. Die Entstehung eines neuen Europas war, wie der amerikanische Historiker James Sheehan festgestellt hat, »nicht die Ursache für den langen Frieden nach 1945; der Friede war die notwendige Voraussetzung für das neue Europa«.[10]

Mindestens ebenso wichtig waren jedoch die gesellschaftlichen und kulturellen Lernprozesse aus zwei verheerenden Weltkriegen, die den Europäern ebenso in Fleisch und Blut übergingen wie die wirtschaftlichen und politi-

---

10 James Sheehan: Kontinent der Gewalt. Europas langer Weg zum Frieden. München 2008, S. 201.

schen Imperative der Einigung: die Hölle der Schützengräben des Ersten Weltkriegs, die Bomben auf London und Coventry, die Zerstörung Rotterdams, die Feuerstürme von Köln, Hamburg und Dresden, das Inferno der Häuserkämpfe um Stalingrad und Berlin, die brutale Besetzung Frankreichs, der Tschechoslowakei und anderer europäischer Länder, der mörderische U-Bootkrieg im Nordatlantik, das Gemetzel von Monte Cassino, der Todeskampf des Warschauer Aufstandes und das Grauen auf den Schlachtfeldern im Westen der Sowjetunion.[11]

Angesichts dieser traumatischen Erfahrungen war die Vermeidung eines neuen großen Krieges in Europa die wichtigste Lehre, die mehrere Generationen europäischer Staatsmänner nach 1945 aus der Geschichte zogen. Entsprechend prominent tauchte der Topos »Nie wieder Krieg!« in den Europareden führender Politiker von Alcide De Gasperi und Jean Monnet bis François Mitterrand und Jacques Delors auf. Adenauer bekannte sich schon 1946 zur Schaffung der Vereinigten Staaten von Europa als einziger Möglichkeit, wie »dieser von Kriegen durchtobte Erdteil die Segnungen eines dauernden Friedens« genießen könne.[12] In der Präambel des Europarats von 1949 hieß es, dieses Bündnis werde in der Überzeugung geschlossen, dass »die Festigung des Friedens auf der Grundlage der Gerechtigkeit unter internationaler Zusammenarbeit für die Er-

---

11 Vgl. hierzu und zum Folgenden Dominik Geppert: 8. und 9. Mai 1945: Umkämpfte Erinnerungstage, in: Etienne François, Uwe Puschner (Hrsg.): Erinnerungstage. Wendepunkte der Geschichte von der Antike bis zur Gegenwart. München 2010, S. 335–355.

12 Zitiert nach Hans-Peter Schwarz: Anmerkungen zu Adenauer. München 2004, S. 101.

haltung der menschlichen Gesellschaft und Zivilisation von lebenswichtigem Interesse« sei.[13]

In Helmut Kohls Europarhetorik der 1980er und 1990er Jahre klang das Friedensmotiv machtvoll nach: Die Politik der europäischen Einigung, sagte der Kanzler anlässlich der Verleihung der Ehrendoktorwürde durch die Katholische Universität Löwen im Februar 1996, sei »in Wirklichkeit eine Frage von Krieg und Frieden im 21. Jahrhundert«.[14] Und noch in der Berliner Erklärung, die der Europäische Rat im März 2007 fünfzig Jahre nach der Unterzeichnung der Römischen Verträge verabschiedete, hieß es, Europa sei über Jahrhunderte eine Idee, eine Hoffnung auf Frieden und Verständigung gewesen. Die europäische Einigung habe Frieden und Wohlstand ermöglicht. Sie habe Gemeinschaft gestiftet und Gegensätze überwunden: »Wir haben mit der Europäischen Einigung unsere Lehren aus blutigen Auseinandersetzungen und leidvoller Geschichte gezogen. Wir leben heute miteinander, wie es nie zuvor möglich war. Wir Bürgerinnen und Bürger der Europäischen Union sind zu unserem Glück vereint.«[15]

Treffend ins Bild gesetzt wurde diese Lesart der Geschichte in einer Ausstellung zum Kriegsende, die 1995 im königlich-belgischen Armee- und Militärmuseum zu sehen war. Das Ausstellungsplakat kontrastierte einen jungen Mann, der 1945 durch eine Trümmerlandschaft wanderte, mit einer rundum zufriedenen, wohlhabend wirkenden jun-

---

13 Abgedruckt in: Europa-Archiv (1949), S. 2241–2244, hier S. 2241.
14 Abgedruckt in: Bulletin des Presse- und Informationsamts der Bundesregierung Nr. 12 (8. Februar 1996).
15 http://web.archive.org/web/20070927204801/http://eu2007.de/de/News/download_docs/Maerz/0324-RAA/German.pdf (28. Mai 2013).

gen Frau im Jahr 1995 vor dem Gebäude der Europäischen Kommission in Brüssel. Die Botschaft war eindeutig: Durch den europäischen Einigungsprozess waren fünfzig Jahre Frieden, Prosperität und Glück möglich geworden.[16] Es gehört zu den größten Erfolgen der europäischen Einigung und zugleich zu ihren wichtigsten Bedingungsfaktoren, dass sich sowohl Sieger als auch Verlierer der beiden Weltkriege, sowohl Opfer als auch Täter der nationalsozialistischen Vernichtungsfeldzüge auf diese Lesart der Geschichte einigen konnten. Die Gründungsgeschichte der europäischen Integration handelte dementsprechend vom Phönix aus der Asche zweier verheerender Kriege, von der Überwindung der Feindschaft zwischen den europäischen Nationen, der Sicherung der Zukunft durch Zusammenarbeit und gemeinsame Lösung von Problemen, kurz: von der Konstituierung eines demokratischen Europa als »Alternative zu den Verirrungen einer nationalistischen Gewaltherrschaft mit den unübersehbaren Folgen von Zerstörung und menschlichem Leid«.[17] Die passende Chiffre für die neue Epoche (west)europäischer Einigkeit lieferte der Gedenktag des Kriegsendes am 8. Mai. Es war wohl kein Zufall, dass der französische Außenminister Robert Schuman den nach ihm benannten Plan zur Schaffung einer Montanunion ausgerechnet einen Tag nach dem fünften Jahrestag des Kriegsendes verkündete, so dass der 9. Mai bis heute als Europatag begangen wird.

---

16 Marnix Beyen: Der Kampf um das Leid, in: Monika Flacke (Hrsg.): Mythen der Nationen. 1945 – Arena der Erinnerungen. Ausstellungskatalog, Bd. 1. Berlin 2004, S. 67–88, hier S. 86.
17 Wilhelm Tielker: Der Mythos von der Idee Europa. Zur Kritik und Bedeutung historischer Entwicklungsgesetze bei der geistigen Verankerung der europäischen Vereinigung. Münster 2003, S. 311–312.

Problematisch gestaltete sich dieser europäische Gründungsmythos aus dem Geist des 8. Mai überall dort, wo er nicht an die Erfahrung von Gewaltherrschaft und Kriegsverwüstung in großem Ausmaß, von Kollaboration und Komplizenschaft mit dem nationalsozialistischen Regime anknüpfen konnte. Das galt beispielsweise für Großbritannien, das sich 1973 verspätet der europäischen Integration anschloss und stets ein schwieriger Partner blieb – auch deshalb, weil dem Land das Erlebnis der Niederlage ebenso fehlte wie die Erschütterung der politischen Institutionen und der tiefgreifende Vertrauensverlust in die nationale politische Führung, den die meisten kontinentaleuropäischen Völker erlitten hatten.[18] Anderen Neulingen der Erweiterungsrunden seit den 1970er Jahren mangelte es ebenfalls am Sensorium für die zentrale Rolle, die Krieg und Frieden im Erinnerungshaushalt der europäischen Integration einnahmen. In Spanien, das im Zweiten Weltkrieg neutral geblieben war und erst 1986 in die EG aufgenommen wurde, hatten sich die staatlichen Autoritäten im Frühjahr 1945 erfolgreich bemüht, keine öffentliche Begeisterung aufkommen zu lassen. In der gelenkten Presse wurde der Sieg der Alliierten heruntergespielt und stattdessen Francos Geschick betont, das Land aus dem Konflikt herausgehalten zu haben. Wer eine spanische Flagge hisste, wurde angewiesen, sie wieder einzuholen, weil der 8. Mai in Spanien kein Feiertag sei.[19]

---

18 Vgl. etwa Hugo Young: This Blessed Plot. Britain and Europe from Churchill to Blair. London 1998, S. 1.
19 Siehe Martin Gilbert: The Day the War Ended. May, 8, 1945. Victory in Europe. New York 1996, S. 160.

Im neutralen Irland, das 1945 als letztes Land der Welt mit dem nationalsozialistischen Deutschland noch diplomatische Beziehungen unterhalten hatte, waren am 8. Mai 1945 empörte Bürger in das Dubliner Trinity College eingedrungen, weil Studenten dort »God Save the King« und »Rule Britannia« gesungen hatten und der britische Union Jack zusammen mit den amerikanischen Stars and Stripes, der Tricolore und der sowjetischen Flagge mit Hammer und Sichel an Fahnenmasten aufgezogen worden waren.[20] Hier spielte die Aversion gegen britische Hoheitszeichen auf irischem Boden eine größere Rolle als die Freude über den Untergang des »Dritten Reiches«. Polen, Ungarn, Tschechen und die anderen Ostmitteleuropäer hatten den 8. Mai 1945 lediglich als Übergang von einer Form der Unterdrückung zu einer anderen empfunden. Den Wiederaufstieg Europas identifizierten sie nicht mit dem Ende des Zweiten Weltkrieges, sondern mit dem Untergang der UdSSR.

Die im Vorfeld des Irak-Kriegs deutlich gewordene Scheidelinie zwischen »altem« und »neuem« Europa hatte nicht nur mit dem Verhältnis gegenüber den USA zu tun, sondern auch mit gegensätzlichen Mustern historischer Wahrnehmung des Kriegsendes 1945 und der politischen Lehren, die daraus zu ziehen seien. Insofern sind nicht nur die am Integrationsprozess beteiligten Volkswirtschaften und politischen Systeme im Verlauf der verschiedenen Erweiterungsrunden immer heterogener geworden.[21] Auch die Erinnerungskulturen wurden vielfältiger, zumal mit dem Verlauf

---

20 Ebd., S. 133.
21 Vgl. Arnd Bauerkämper: Das umstrittene Gedächtnis. Die Erinnerung an Nationalsozialismus, Faschismus und Krieg in Europa seit 1945. Paderborn 2012.

der Zeit jüngere Generationen nachwuchsen, die Krieg und Verwüstung nur noch aus Erzählungen kannten, aber nicht mehr am eigenen Leibe erfahren hatten. Für sie war der Frieden eine lebensgeschichtliche Selbstverständlichkeit und nicht mehr, wie für die Älteren, existenzielle Erfahrung und politische Mission. Im Zuge der Schuldenkrise sind die ohnehin zerklüfteten europäischen Erinnerungslandschaften weiter geborsten. Ähnlich wie auf der Ebene der Politik nationale Interessen deutlicher wurden, traten auch im kollektiven Gedächtnis der einzelnen Staaten nationale Unterschiede, die zuvor wenigstens teilweise von der dominanten Erinnerung an den gemeinsam erlittenen Krieg überdeckt wurden, stärker hervor. Europa wird allenthalben immer noch durch das Prisma der Nation gesehen.[22]

Im deutschen Fall beispielsweise sind die großen Hoffnungen, die Politik und Öffentlichkeit auf das Projekt eines europäischen Bundesstaates oder Staatenverbunds setzen, nur durch unsere Nationalgeschichte zu erklären. Dabei spielt natürlich der Wunsch eine Rolle, über eine europäische Zukunft den düsteren Kapiteln der deutschen Vergangenheit zu entkommen. In Deutschland war der Nationalismus im »Dritten Reich« wie in keinem anderen Land Europas zum Exzess gesteigert worden, hatte zu Verbrechen und ins Verderben geführt. Entsprechend positiv erschien vor diesem Hintergrund die Abkehr von Nation und Nationalismus durch Integration in die Europäische Gemeinschaft. Die frühere britische Premierministerin Margaret Thatcher

---

22 Vgl. Sven Leif Ragnar de Rode: Seeing Europe through the Nation. The Role of National Self-Images in the Perception of European Integration in the English, German, and Dutch Press in the 1950s and 1990s. Stuttgart 2012.

hat in ihren Erinnerungen bemerkt, das Bedürfnis deutscher Politiker, ihr Nationalbewusstsein mit einer weiter gefassten europäischen Identität zu verschmelzen, sei zwar verständlich, doch stelle es die selbstbewussten Staaten Europas vor Probleme. »Weil die Deutschen eine Scheu davor haben, sich selbst zu regieren, versuchen sie ein europaweites System zu schaffen, in dem sich keine Nation mehr selbst regiert.«[23]

Das war boshaft formuliert, aber nicht unzutreffend. Hinzu kam freilich, dass ein gemeinsames europäisches Gedenken an das Kriegsende und der Imperativ des »Nie wieder!« aus deutscher Perspektive durchaus auch praktische, nicht nur psychologische Vorteile besaßen. Die Verdammung des Krieges und die Betonung gemeinsamen Kriegsleidens erlaubten es, deutsche Erfahrungen zu integrieren, ohne nationalsozialistische Verbrechen zu verharmlosen. Das ehrliche Bemühen, deutsche Untaten im Zweiten Weltkrieg aufzuarbeiten, avancierte sogar zum Leitbild für den Umgang mit den Schattenseiten nationaler Vergangenheit in anderen Ländern, die sich der europäischen Integration anschließen wollten – von den ethnischen Säuberungen im ehemaligen Jugoslawien bis zum Völkermord an den Armeniern in der Türkei. Zugleich wurde die Täterschaft der von 1939 bis 1945 begangenen Kriegsverbrechen und anderen Gräueltaten nicht mehr vorrangig im Kontext national konnotierter »deutscher Schuld« thematisiert, sondern in supranationale Diskurse des Völkerrechts und internationalen Strafrechts eingebettet. Der Historiker und Publizist Micha-

---

23 Margaret Thatcher: Downing Street No. 10. Die Erinnerungen. Düsseldorf 1993, S. 1034.

el Jeismann hat diese Verschiebung auf die Formel »vom deutschen Sonderweg zum europäischen Anwendungsfall« gebracht und darauf hingewiesen, dass es zwar immer noch um eine spezifische deutsche Vergangenheit gehe, diese aber in erster Linie als Exempel für genozidale Tendenzen diene, »die auf der ganzen Welt aufbrechen können. Die deutsche Vergangenheit wird zu einem globalen Lehrstück«.[24]

Der Trend zur Universalisierung der NS-Verbrechen hat sich freilich in der europäischen Schuldenkrise umgekehrt. Gegenwärtig werden die Deutschen im europäischen Ausland wieder stärker mit den Verbrechen des Zweiten Weltkriegs konfrontiert. Ein direkter Zusammenhang zwischen historischen Schuldzuweisungen und aktueller Krise ist unverkennbar. Denn die heftigsten Vorwürfe kommen oft nicht aus Ländern außerhalb der Eurozone wie Polen, wo Wehrmacht und SS die schlimmsten Untaten verübt haben, auch nicht aus Großbritannien, wo die Obsession mit »Drittem Reich« und Zweitem Weltkrieg in den vergangenen Jahren spürbar nachgelassen und einem positiveren Deutschlandbild Platz gemacht hat. Die hitzigsten Anschuldigungen stammen mitunter aus denjenigen Ländern, die sich wie Spanien, Griechenland oder Italien im Zentrum der Schuldenkrise befinden. Teils werden die Vorwürfe in der rüden Form von Demonstrationsplakaten vorgebracht, in denen Kanzlerin Merkel in SS-Uniform oder mit Hitler-Bärtchen zu sehen ist. Teils kommen sie jedoch auch subtiler daher, wenn etwa der französische Philosoph Bernard-Henry Lévy bemerkt, in der Vergangenheit hätte »Europa beinahe – ich

---

24 Michael Jeismann: Auf Wiedersehen Gestern. Die deutsche Vergangenheit und die Politik von morgen. Stuttgart, München 2001, S. 56–57.

werde das nicht weiter ausführen – seine jüdischen Wurzeln abgeschnitten. Wenn es nun sein griechisches Fundament abstieße, wenn es sich von seinem römischen Erbe trennte, wenn es nicht alles Menschenmögliche dafür täte, dass diese beiden Teile seiner Identität und seines Seins in seinem Schoße blieben, wäre Europa tot«.[25]

Die deutsche Verpflichtung zur großzügigen Hilfe für andere Staaten, das machen derartige Bemerkungen deutlich, wurzelt immer noch im Menschheitsverbrechen des Massenmords an den europäischen Juden. Die Vorwürfe gegen Deutschland bleiben jedoch nicht auf die NS-Verbrechen beschränkt. Sie schließen – in einer Zeit, in der sich die Geschichtswissenschaft allmählich von der Fixierung auf die Rolle Berlins in der Juli-Krise 1914 zu lösen beginnt – immer wieder auch den Ersten Weltkrieg ausdrücklich mit ein. In Griechenland beispielsweise hat eine Arbeitsgruppe der Regierung einen Bericht erarbeitet, in dem nicht nur Reparationen für die Besatzungsherrschaft im Zweiten Weltkrieg verlangt werden, sondern auch Forderungen aus dem Ersten Weltkrieg aufgelistet und zu einer Summe von 300 Milliarden Euro zusammengerechnet worden sind.[26]

Derartige Ansinnen erhalten argumentative Schützenhilfe auch aus Deutschland. Der ehemalige Außenminister Joschka Fischer hat im vergangenen Sommer in einem Zeitungsartikel seine Forderung nach einer europäischen Fiskalunion explizit mit der deutschen Schuld an zwei Weltkriegen begründet. Im 20. Jahrhundert, so Fischer, habe Deutschland zweimal mit Krieg bis hin zu Verbrechen und

---

25 FAZ vom 20. November 2012, S. 25.
26 Tagesspiegel vom 11. April 2013.

Völkermord sich selbst und die europäische Ordnung zerstört, um den Kontinent zu unterjochen: »Es wäre eine Tragödie und Ironie zugleich, wenn jetzt, zu Beginn des 21. Jahrhunderts, das wiedervereinigte Deutschland, diesmal friedlich und mit den besten Absichten, die europäische Ordnung ein drittes Mal zugrunde richten würde.«[27]

Es griffe jedoch zu kurz, wollte man die deutsche Vorliebe für einen europäischen Bundesstaat nur mit Schuldgefühlen wegen der ersten Hälfte des 20. Jahrhunderts begründen. Auch fehlgeleitete Analogien zur Reichseinigung 1871, zum Neuanfang nach dem Zweiten Weltkrieg und zur Wiedervereinigung 1990 kommen ins Spiel. Wie der Zollverein von 1834 angeblich die Gründung des Deutschen Reiches handelspolitisch vorbereitete, erscheinen Montanunion, EWG und Euro aus deutscher Sicht oft als Vorläufer einer künftigen Politischen Union. Eine weitere Parallele zur deutschen Nationalstaatsbildung im 19. Jahrhundert sieht der Berliner Historiker Maximilian Müller-Härlin darin, dass man bis 1871 davon ausging, die deutsche Nation sei geistig-kulturell schon vorhanden, habe aber noch nicht ihre endgültige staatliche Form gefunden. Ähnlich verhalte es sich mit Europa in den deutschen Debatten der zweiten Hälfte des 20. Jahrhunderts: »Es ist immer schon da, und zugleich immer noch unfertig.«[28]

Wie der Bismarck'sche Nationalstaat im 19. Jahrhundert die deutsche Kleinstaaterei überwand, so würden, hofft man hierzulande, die blutigen Nationalismen des 20. Jahrhun-

27 Joschka Fischer: Europa steht in Flammen, in: SZ vom 4. Juni 2012.
28 Maximilian Müller-Härlin: Nation und Europa in Parlamentsreden zur Europäischen Integration. Identifikationsmuster in Deutschland, Frankreich und Großbritannien nach 1950. Baden-Baden 2008, S. 569.

derts in der friedlichen Einigung des Kontinents aufgehoben. Ganz abgesehen von der Frage, ob eine europäische Einigung nach preußisch-deutschem Vorbild sonderlich wünschenswert wäre, vergisst freilich, wer so denkt, dass Preußen im Reich immerhin rund 60 Prozent der Bevölkerung stellte, fast 65 Prozent des Gebietes umfasste und rund 60 Prozent des Nettonationaleinkommens erwirtschaftete.[29] Deutschland macht hingegen nicht einmal 17 Prozent der Bevölkerung und nur gut 8 Prozent des Territoriums der EU aus und trägt 27 Prozent zur Wirtschaftsleistung des Euro-Raumes bei.[30]

Wie die aus der Währungsreform 1948 hervorgegangene D-Mark am Anfang des westdeutschen Wirtschaftswunders gestanden hatte und zu einem Kernbestandteil einer neuen, zivilen Identität für die Nachkriegsdeutschen geworden war, so sollte nach der Vorstellung Helmut Kohls und anderer der Euro einen europäischen Wirtschaftsaufschwung auslösen und das europäische Zusammengehörigkeitsgefühl stärken. Und wie die alte Bundesrepublik nach 1990 die neuen Bundesländer finanziell unterstützte, müsse, so hört man immer wieder, in Zukunft das vereinte Deutschland eben die strukturschwachen Mittelmeerstaaten in der EU aufpäppeln. Allerdings unterstützten nach der Wiedervereinigung 64 Millionen Westdeutsche insgesamt 16 Millionen Ostdeutsche. Die Transferzahlungen belaufen sich seit 1990

---

29 Zahlen nach Josef Ehmer: Bevölkerungsgeschichte und Historische Demographie 1800–2000. München 2004, S. 18.

30 Laut Eurostat betrug das Bruttoinlandsprodukt der 27 EU-Staaten im Jahr 2012 insgesamt 12,82 Billionen Euro. Das BIP der Eurozone betrug im gleichen Jahr 9,5 Billionen Euro, das der Bundesrepublik Deutschland 2,65 Billionen Euro. Vgl. Eurostat, BIP und Hauptkomponenten – Jeweilige Preise, letzte Aktualisierung 13.12.2012, www.epp.eurostat.ec.europa. eu (14. Dezember 2012).

auf jährlich etwa 100 Milliarden Euro oder knapp vier Prozent des deutschen Bruttosozialprodukts.[31] Wie Deutschland mit seinen knapp 82 Millionen Einwohnern auch nur annähernd Vergleichbares in einer Europäischen Union leisten soll, in der über eine halbe Milliarde Menschen leben (davon mehr als 72 Millionen in Griechenland, Spanien, Portugal und Irland sowie 60 weitere Millionen in Italien), bleibt schleierhaft.

Derartige Analogien leiden noch nicht einmal so sehr daran, dass sie schief sind oder die historische Wirklichkeit verfehlen. Das zentrale Problem besteht darin, dass Europa – und zwar das gegenwärtig real existierende ebenso wie das künftige erträumte Europa – ganz anders aussieht, wenn man es durch die Brille anderer Nationalgeschichten betrachtet. Wo die deutsche Tradition erst der Vielstaaterei und dann der Bundesstaatlichkeit den föderalen Charakter Europas hervorhebt, da streicht etwa die zentralstaatliche Geschichte Frankreichs die Rolle einer vereinheitlichenden und lenkenden Bürokratie an den Schalthebeln der Macht heraus. Die Stärke der Exekutive in Paris geht bis auf den absolutistisch regierenden Sonnenkönig Ludwig XIV. im 17. Jahrhundert zurück. Damals begründete Jean-Baptiste Colbert die Tradition einer effizienten, straff geführten Verwaltung, die bis heute maßgeblich die politischen Geschicke des französischen Staates gestaltet. Daran hat auch die von Mitterrand in den 1980er Jahren eingeleitete Dezentralisie-

---

31 Laut Bundesinnenministerium beliefen sich die Nettotransferzahlungen von 1991 bis 1997 auf rund 900 Milliarden DM. Vgl. Jahresbericht der Bundesregierung zum Stand der Deutschen Einheit 1997, S. 44, www.bmi. bund.de/SharedDocs/Downloads/BODL/Jahresberichte/1997.pdf (14. Dezember 2012).

rung letztlich wenig geändert. In der Fünften Republik hat der Präsident die Position eines gewählten Monarchen inne. Auch wenn er in Phasen der Kohabitation gelegentlich die Macht mit einem Premierminister anderer politischer Couleur teilen muss, bleibt der Einfluss der Exekutive gegenüber dem Parlament und seinen Ausschüssen wie auch gegenüber den 27 Regionen und 101 Départements enorm.

Das von der nationalen Regierung und ihrer Administration her gedachte Staatsverständnis ist unter Jacques Delors auf die europäische Ebene transponiert worden. Unter ihm hat die Kommission in Brüssel Ende der 1980er und Anfang der 1990er Jahre die Planungs-, Lenkungs- und Reglementierungsvorstellungen der französischen Verwaltungstradition durchgesetzt und als treibende Kraft der Integration etabliert. Damals, so schrieb der amerikanische Politikwissenschaftler Larry Siedentop, sei Brüssel sowohl hinsichtlich der politischen Entscheidungsmechanismen als auch bei der Personalrekrutierung zu einem Anhängsel von Paris geworden. Die Konzentration der Macht im Zentrum Europas spiegele dabei »die Instinkte einer politischen Elite wider, die durch die französische Form des Staates geprägt worden« sei.[32]

Freilich unterminiert die Übertragung der zentralistischen Gewohnheiten Frankreichs auf die europäische Ebene letztlich die Souveränität des französischen Staates und damit die Zustimmung zur europäischen Einigung innerhalb des Landes. In der zunehmenden Spannung zwischen den zentralisierenden Tendenzen in Brüssel und den zentralstaatlichen Traditionen in Paris besteht das große Dilemma der französischen Europapolitik. Für den Ökonomen und

---

32 Larry Siedentop: Demokratie in Europa. Stuttgart 2002, S. 177.

Frankreichkenner Markus C. Kerber erscheint es daher mehr als ungewiss, ob das Land die immer umfangreicheren Souveränitätsverlagerungen in Richtung Brüssel seinem eigenen Selbstverständnis nach in letzter Konsequenz werde mittragen können: »Ob die Franzosen, erzogen im Geiste eines besonderen Verständnisses ihres Landes und seiner Rolle in der Geschichte sowie der unveräußerlichen Souveränität der französischen Nation, die eigenen Eliten nach Europa drängen werden oder sich auf die hexagonale Glückseligkeit zurückziehen werden«, das ist für Kerber die entscheidende Frage im Hinblick auf Frankreichs Zukunft in Europa.[33]

Aus britischer Sicht nimmt sich der Einigungsprozess ganz anders aus. Die Briten hatten bei der europäischen Integration seit jeher vor allem die Handelsvorteile und die Stärkung der europäischen Verteidigung im Kalten Krieg, später die Chance eines koordinierten Vorgehens in der Außen- und Sicherheitspolitik im Blick. Davon abgesehen, betrachten sie die EU weiterhin als einen Bund souveräner Nationalstaaten, in dem sich die Gewichte schon viel zu sehr in Richtung einer bundesstaatlichen Lösung verschoben haben. Jede Form deutlich weiter gehender politischer Integration lehnen sie ab. Das unstet und ziellos vorwärts Strebende, das in der Formulierung der »immer größeren Einheit« des Kontinents zum Ausdruck kommt, stimmt die empirisch und pragmatisch denkenden Briten skeptisch. Wenn sie von »Union« reden, denken sie nicht, wie wir Deutschen, an das Bismarckreich von 1871 oder an die

---

33 Markus C. Kerber: Europa ohne Frankreich? Deutsche Anmerkungen zur französischen Frage. Frankfurt am Main 2006, S. 11.

Bundesrepublik als Modell eines funktionierenden Föderalismus. Sie denken auch nicht, wie die Franzosen, an einen europäisch vergrößerten französischen Zentralstaat mit Colbert'scher Verwaltungstradition.

Eine viel näher liegende historische Assoziation ist für sie die Union zwischen England und Schottland von 1707. Damals beendeten Engländer und Schotten Jahrhunderte militärischer, diplomatischer und wirtschaftlicher Konkurrenz, indem sie ihre Kräfte bündelten. Das Ziel der Union bestand zum einen darin, einen lange schwärenden Konflikt zu beenden, der die englische Nordgrenze permanenter Gefahr ausgesetzt hatte. Zum anderen sollten die Machtmittel der beiden Staaten kombiniert werden, um sie effektiver gegen gemeinsame äußere Feinde einsetzen zu können, anstatt sie in englisch-schottischen Handels- und Kolonialrivalitäten zu verschwenden. Im sogenannten »Act of Union«, der den Zusammenschluss der beiden Staaten besiegelte, erhielt Schottland eine großzügige Repräsentation im Parlament von Westminster. Das Land behielt sein eigenes Rechts- und Bildungssystem, verzichtete aber auf eine eigene Außen- und Sicherheitspolitik.

Die Staatenfusion von 1707, so hat der englische Frühneuzeithistoriker Brendan Simms festgestellt, habe durchaus gewisse Ähnlichkeiten mit dem Projekt der europäischen Integration. [34] Schließlich sei es dabei ebenfalls darum gegangen, die Europäer an weiteren Kriegen untereinander zu hindern. Zugleich habe auch die europäische Einigung nach 1945 dem Zweck gedient, Westeuropas Militär- und Wirt-

---

34 Brendan Simms: Towards a Mighty Union. How to Create a Democratic European Superpower, in: International Affairs 88, 1 (2012), S. 49–62.

schaftpotential möglichst wirksam gegen einen äußeren Feind, nämlich die Sowjetunion, zu mobilisieren. Diese Analogie ist insofern typisch für die britische Sichtweise auf die europäische Integration, als sie die gemeinsamen Ziele in der Außen- und Sicherheitspolitik ins Zentrum rückt. Zugleich fehlt ihr jeder Gedanke an einen immer weiter fortschreitenden Einigungsprozess. Eine Angleichung der inneren Verhältnisse der beteiligten Staaten ist nicht beabsichtigt. So wie Schottland in der Union von 1707 sein eigenes Rechts- und Bildungssystem behielt, so sollte sich nach britischer Auffassung auch die EU aus den gewachsenen nationalen Traditionen und Institutionen ihrer Mitgliedsländer heraushalten.

Wieder anders liegen die Dinge in Italien. Dort fehlt der positive Bezug zum Staat als Sachwalter des Allgemeinwohls, den es in unterschiedlicher Ausprägung sowohl in Deutschland als auch in Frankreich und Großbritannien gibt. Die Regierung gilt den Italienern als feindselig, raffgierig und von fremden Mächten beherrscht. Der Staat, so hat es Christiane Liermann vom Deutsch-Italienischen Zentrum Villa Vigoni formuliert, das seien in Italien immer die anderen.[35] Der elitäre Erziehungsanspruch der liberalen Nationalbewegung aus der Zeit des *Risorgimento* wirkte durch das gesamte 20. Jahrhundert hindurch fort. »Jetzt, wo Italien geschaffen worden ist«, hatte der piemontesische Schriftsteller und Politiker Massimo D'Azeglio in seinen 1867 veröffentlichten Erinnerungen notiert, »müssen die Italiener geschaffen werden«.[36] Entsprechend schwer, so Liermann,

---

35 Siehe hierzu und zum Folgenden Christiane Liermann: Kennst Du das Land, wo vieles blüht?, in: FAZ vom 22. April 2013, S. 7.

36 Das Zitat lautet im Original: » L'Italia è fatta. Restano da fare gli italiani«; Massimo D'Azeglio: Ricordi. Opere varie. Mailand 1966, S. 87.

falle es dem italienischen Staat bis heute, als Identifikations- und Loyalitätsmotor für die gesamte Nation zu wirken. Umso leichter sei es für die italienischen Parteien nach 1945 gewesen, von der nationalen Ausrichtung der Politik Abschied zu nehmen und sich Europa zuzuwenden. Für den Großteil der italienischen Führungsschicht sei Europa zum maßgeblichen politischen Horizont geworden, auch weil man auf diese Weise die durch Mussolini zusätzlich diskreditierte nationale Ebene überspringen konnte. Außerdem habe Europa die Chance geboten, endlich mit den anderen Mächten, insbesondere mit Deutschland, auf gleicher Augenhöhe agieren zu können.

Die gegenwärtige Krise ist auch für die Italiener eine Zeit brutaler Desillusionierung. Sie sehen ihr Land in der Gefahr, auf den nachgeordneten Status eines Befehlsempfängers der Gläubigerstaaten, vor allem Deutschlands, abzusinken. Die EU wirkt nicht mehr als positives Kontrastbild zum eigenen, negativ konnotierten Staat. Sie tritt aus Sicht der Italiener nun selbst feindselig, ausbeuterisch und gebieterisch auf und nicht mehr, wie in der Vergangenheit, als wohltätiger Finanzier von Regional- und Strukturfonds.

Die Liste der unterschiedlichen Europavorstellungen mit ihren jeweils eigenen historischen Grundierungen ließe sich verlängern: über die am Goldenen Zeitalter des 17. Jahrhunderts orientierten atlantischen Freihandelsideen der Niederländer bis zum Freiheitspathos der Polen, die sich von Europa nicht zuletzt Schutz vor den übermächtigen Nachbarn im Osten und im Westen versprechen.

Die Diskrepanzen, die dabei zutage treten, sind nicht nur von kulturhistorischem Interesse, denn die verschiedenartigen Geschichtsbilder und historischen Erfahrungen münden in unterschiedliche Handlungsimpulse für die Gegenwart. So lautet beispielsweise die wichtigste Lehre aus der Weltwirtschaftskrise der 1930er Jahre für Engländer oder Belgier, dass massenhafte Arbeitslosigkeit wie in den *hungry thirties* die schlimmste Geißel für eine Gesellschaft ist und um jeden Preis vermieden werden muss. In Frankreich hingegen, wo die Arbeitslosigkeit in diesen Jahren im Schnitt nur 3,3 Prozent (und nicht wie in Großbritannien über 11 Prozent) erreichte, hat sich aus der Zwischenkriegszeit vor allem die Sorge vor demographischer Stagnation oder gar einem Schrumpfen der Bevölkerung ins kollektive Gedächtnis eingeprägt. In Deutschland schließlich überwog das Trauma der Hyperinflation aus den frühen 1920er Jahren die Ängste vor einer Wiederkehr der Brüning'schen Austeritätspolitik am Ende der Weimarer Republik. Als Folge verbreiten hierzulande Inflationsraten, die anderswo möglicherweise als erträglich angesehen würden, immer noch Schrecken.

Diese historisch gewachsenen Wahrnehmungsunterschiede deuten an, wie schwierig es ist, die verblassende Mahnung des »Nie wieder Krieg!« durch eine andere große Europaerzählung zu ersetzen, welche die verschiedenen Nationen umgreift und einigen kann. Amerikaner und Briten, so sagt man, seien durch eine gemeinsame Sprache voneinander getrennt. Die europäischen Nationen stehen einander manchmal fremd und verständnislos gegenüber, weil sie ihre engmaschig verflochtene Geschichte unterschiedlich interpretieren und ganz verschiedenartige Lehren für die Gegenwart daraus ableiten. Es gibt nicht nur ein Europa, sondern viele, die mitunter wenig gemeinsam haben.

3.
Die uneinigen Staaten

Die europäische Einigung nach 1945 ist von einem eigenartigen Spannungsverhältnis geprägt. Einerseits boten die Europäische Gemeinschaft und später die EU ihren Mitgliedern praktische Vorteile. Sie erleichterten grenzüberschreitenden Handel und ermöglichten die Koordination politischer Vorhaben. Auf diese Weise halfen sie den Nationalstaaten, die ihnen angehörten, sich gegenüber den ökonomischen und politischen Herausforderungen der zweiten Hälfte des 20. Jahrhunderts besser zu behaupten. Die Integration brachte die »europäische Rettung des Nationalstaates«, wie es der britische Historiker Alan Milward formuliert hat.[37] Es gebe, hat der französische Präsident Charles de Gaulle 1960 betont, »keine andere Realität als unsere Nationen und die Regierungen, die für sie sprechen«.[38]

Andererseits aber beinhaltete die europäische Einigung von Beginn an auch die Perspektive einer Überwindung der Nationalstaaten durch die Integration. In den Römischen

---

37 Alan S. Milward: The European Rescue of the Nation State 1945–1951. London 1984.
38 Charles de Gaulle, Grenoble, 7. Oktober 1960, abgedruckt in: Hans Stercken (Hrsg.): De Gaulle hat gesagt ... Stuttgart 1967, S. 284.

Verträgen wie später auch im Vertrag von Maastricht war ausdrücklich vom Ziel einer »immer engeren« Einheit die Rede. Der Nationalstaat, so Walter Hallstein, der erste und bislang einzige deutsche Kommissionspräsident, sei »nicht das unveränderliche Maß aller politischen Dinge«. In dieser Sichtweise ging es nicht um die Rettung der Nationalstaaten, sondern um deren Aufhebung. Die Vereinigten Staaten von Europa als europäischer Bundesstaat waren das Ziel.[39]

Lange Zeit wirkte sich dieses Spannungsverhältnis nicht weiter störend aus. Die Mitgliedstaaten nutzten die praktischen Vorteile in der Gegenwart und kümmerten sich kaum um künftige Entwicklungsperspektiven. Die Frage der »Finalität«, der *finalité politique*, der europäischen Integration wurde immer wieder auf die lange Bank geschoben. Vertagung schien schon deshalb angeraten, weil es zwischen den Mitgliedstaaten erhebliche Meinungsunterschiede über den Endpunkt des gemeinsamen Weges gab. Über das weitere Beschreiten des Weges ohne Ziel hingegen konnte man sich in mehreren Integrationsschüben auf der Basis von politischen Kompromissen immer wieder einigen. Während die meisten Länder den Akzent auf die europäische Rettung des Nationalstaates legten, gab es gerade in Deutschland eine besondere Vorliebe für die idealistische Idee, die Nationalstaaten in einem vereinten Europa aufzuheben.

Auch die Europäische Währungsunion entstand in dem Spannungsverhältnis zwischen Stärkung und Überwindung der Nationalstaaten. Für viele Mitgliedstaaten bedeutete sie lediglich einen weiteren Schritt auf dem Weg, den eigenen

---

39 Walter Hallstein: Der unvollendete Bundesstaat. Europäische Erfahrungen und Erkenntnisse. Düsseldorf u. a. 1969, Zitat S. 11.

Nationalstaat durch die europäische Integration abzustützen. In Deutschland hingegen wollten viele darin einen entscheidenden Durchbruch zu den Vereinigten Staaten von Europa als europäischem Bundesstaat sehen. Die Ideengeschichte dieser Vereinigten Staaten von Europa beschreibt einen zeitlichen Bogen, der bis zu Immanuel Kants Altersschrift »Zum ewigen Frieden« von 1795 zurückreicht. Sie setzte um 1850 breit ein und erreichte in der zweiten Hälfte des 20. Jahrhunderts ihren Höhepunkt. Gegenwärtig ist diese Vorstellung im Niedergang begriffen. Der Berliner Historiker Paul Nolte hat sie als »Leitbild einer Übergangszeit« bezeichnet.[40]

In der zweiten Hälfte des 19. Jahrhunderts hingen vor allem liberale Intellektuelle, Akademiker und Journalisten aus dem Umkreis der Friedensbewegung den Träumen von einem vereinten Europa an. Im Juli 1848 war sich Arnold Ruge in der Frankfurter Paulskirche sicher, die europäischen Revolutionen hätten zu einem neuen politischen System Europas geführt, das sich Nordamerika zum Vorbild genommen habe und nicht mehr länger »das alteuropäische Denken spiegele, das der Heiligen Allianz zugrunde gelegen habe«.[41] Ein knappes Vierteljahrhundert später entwarf der englische Historiker John Robert Seeley in einer Ansprache vor der Londoner *Peace Society* das Szenario einer gemeinsamen europäischen Legislative und Exekutive nach dem Vorbild der USA. Diese Föderation, so Seeley, dürfe nicht nur auf Vereinbarungen zwischen den Regierungen der Ein-

---

40 Paul Nolte: Was ist Demokratie? Geschichte und Gegenwart. München 2012, S. 384.
41 Zitiert nach Jürgen Elvert: Die europäische Integration. Darmstadt 2006, S. 27.

zelstaaten beruhen. Sie müsse vielmehr von einer »allgemeinen Volksbewegung« getragen werden.[42]

Viele Zeitgenossen nahmen damals an, intensivierte Handelsbeziehungen zwischen den Völkern und neue Informationstechnologien wie die Telegraphie und später das Telefon würden nationale Grenzen automatisch zum Verschwinden bringen. Der britische Journalist William Thomas Stead, einer der publizistischen Wegbereiter der Haager Friedenskonferenzen von 1899 und 1907, malte sich Ende der 1890er Jahre ein föderiertes Europa als christliches Bollwerk gegen die orientalische Despotie des Osmanischen Reiches aus: mit einer zentralen Regierung und einer gemeinsamen Volksvertretung (in Bern), mit einem obersten Gerichtsherrn (dem deutschen Kaiser), ohne nationale Grenzen und Zölle, dafür aber mit einer einheitlichen Währung.[43] In Wirklichkeit wurden die Nationalstaaten durch den Globalisierungsschub an der Wende vom 19. zum 20. Jahrhundert nicht geschwächt, sondern gestärkt. Das Bedürfnis nach nationaler Absicherung wuchs parallel zur Ausweitung internationaler Kontakte.

Nationalismus und Imperialismus kulminierten schließlich im Ersten Weltkrieg. Nach den Verheerungen des Großen Krieges und den politischen Erschütterungen in dessen Gefolge erhielten die Visionen eines vereinten Europas neue Dringlichkeit. Die Zahl der Entwürfe und Pläne wuchs. Ihre Verfechter fanden jetzt, stärker als vor 1914, Gehör bei den politischen Eliten. Graf Coudenhove-Kalergis Pan-Europa-

---

42 John Robert Seeley: United States of Europe, in: MacMillan's Magazine 23 (1871), S. 436–448.
43 William Thomas Stead: The United States of Europe, in: Review of Reviews. Juli 1897, S. 17–29.

Union von 1923, die eine bundesstaatliche Einigung des Kontinents anstrebte, hatte Sektionen in vielen europäischen Ländern. Zu den Politikern, die öffentlich Sympathie für die utopischen Pläne des japanisch-österreichischen Aristokraten bekundeten, gehörte der französische Ministerpräsident Aristide Briand. Dieser warb Ende der 1920er Jahre selbst für »eine Art föderatives Band ... ein Band der Solidarität« zwischen den Völkern Europas. Im Mai 1930 legte er ein »Memorandum über die Organisation eines Systems europäischer föderativer Union« vor, das auf eine politische Union Europas im Rahmen des Völkerbundes hinauslief.[44]

Zehn Jahre später, nachdem Hitler-Deutschland den Kontinent mit Krieg überzogen und Europa als ein nationalsozialistisches großgermanisches Reich neu hatte ordnen wollen, spielte der föderale Europagedanke in den verschiedenen nationalen Widerstandsbewegungen gegen den Nationalsozialismus eine zentrale Rolle. Es gelte, schrieben Altiero Spinelli und Ernesto Rossi 1941 in ihrem Manifest von Ventotene, »einen Bundesstaat zu schaffen, der auf festen Füßen steht und anstelle nationaler Heere über eine europäische Streitmacht verfügt«.[45] Im algerischen Exil stellte der spätere Vordenker der Europäischen Gemeinschaft für Kohle und Stahl, Jean Monnet, erste Überlegungen für eine wirtschaftliche und politische westeuropäische Union an. Vielerorts war man der Ansicht, der Nationalstaat klassischen Zuschnitts habe sich aufgrund des ihm angeblich un-

---

44 Zitiert nach Michael Gehler: Europa. Ideen, Institutionen, Vereinigung. München 2010, S. 129–130.
45 Zitiert nach Guido Thiemeyer: Europäische Integration. Motive – Prozesse – Strukturen. Köln u. a. 2010, S. 77.

weigerlich innewohnenden, gegen andere Völker gerichteten Nationalismus als unfähig erwiesen, den Frieden zu wahren. Er müsse daher auf die eine oder andere Weise europäisch überwölbt werden.

Nach Kriegsende forderten nicht mehr nur einige versprengte Intellektuelle, sondern auch führende Politiker den Zusammenschluss Europas. Winston Churchill, damals britischer Oppositionsführer, erklärte, man müsse »die europäische Familie in einem Regionalsystem« um einen deutsch-französischen Kern herum neu aufrichten.[46] In Deutschland bekannte sich Konrad Adenauer 1946 zur Schaffung eines europäischen Bundesstaates. Im gleichen Jahr erging das Hertensteiner Programm der europäischen Föderalisten. Selbst Charles de Gaulle plädierte in den 1940er Jahren stärker, als man annehmen mag, für eine europäische Einigung.

Zugleich hat die historische Forschung aber deutlich gemacht, wie sehr die mythenhaften Gründergestalten jener Frühphase der europäischen Integration in den Kategorien des Nationalstaats dachten und wie beharrlich sie in Wahrheit die Interessen ihrer Heimatländer im Auge hatten. Das galt für den Italiener Alcide De Gasperi ebenso wie für die Franzosen Robert Schuman und Jean Monnet. Für Churchill waren die Vereinigten Staaten von Europa eine zeitgemäße Form der traditionellen britischen Gleichgewichtspolitik, die darauf zielte, den Kontinent ruhig zu halten und den Aufstieg einer Hegemonialmacht zu verhindern. Großbritannien selbst sollte diesem Staatenverbund nach Churchills Vorstel-

---

46 Churchills Züricher Rede vom 19. September 1946, zitiert nach Hagen Schulze, Ina Ulrike Paul (Hrsg.): Europäische Geschichte. Quellen und Materialien. München 1994, S. 398–400, hier S. 400.

lung gar nicht angehören. De Gaulle hatte schon Ende der 1940er Jahre vor allem die französische Führungsrolle im Sinn, wenn er sich für eine europäische Union erwärmte. Er habe immer gedacht, sagte er 1948, »daß Frankreich zwischen einem Großbritannien, das vom Commonwealth in Anspruch genommen wird, und einem Deutschland, das sich sucht, schon von der Geographie dazu bestimmt ist, die europäische Union auf den Weg zu bringen«.[47]

Für Adenauer ging es in erster Linie darum, über die europäische Integration nationale Souveränitätsrechte für die Bundesrepublik überhaupt erst zu gewinnen. Es war keine vollständig durchdachte außenpolitische Strategie, mehr eine historisch gewachsene, aus persönlicher Erfahrung gereifte, pragmatische Überzeugung, dass Westdeutschland genuiner Bestandteil Europas sei und mit Frankreich und den Beneluxstaaten wirtschaftlich verflochten werden müsse. In der Situation der Jahre nach 1945 wies nur ein solches Vorgehen einen Weg aus der Besatzungsherrschaft heraus und vermochte eine Perspektive zu eröffnen, wie eine deutsche Isolation in Europa vermieden werden konnte. Ein Überleben der Marktwirtschaft und eine wirtschaftliche Erholung waren für Adenauer nicht anders denkbar als durch eine Wiederherstellung der organischen Verflechtung zwischen den Industriegebieten an Rhein und Ruhr, im Saarland, in Luxemburg und in Lothringen.

Die beiden nächsten Generationen europäischer Politiker, die von den 1970er bis in die 1990er Jahre die Integration vorantrieben, waren nicht mehr wie die Älteren in der

---

47 Zitiert nach Wilfried Loth: De Gaulle und Europa. Eine Revision, in: HZ 253 (1991), S. 629–660, hier S. 639.

»Welt von gestern« (Stefan Zweig), im ausgehenden 19. Jahrhundert geboren worden. Sie hatten vielmehr in ihrer Jugend den Zweiten Weltkrieg und die Schrecken, die er mit sich gebracht hatte, erlebt. Einige von ihnen hatten als Soldaten an der Front gekämpft: Helmut Schmidt etwa oder auch Edward Heath, der sein Land als britischer Premierminister 1973 in die Europäische Gemeinschaft führte. Andere gehörten der sogenannten Flakhelfer-Generation an und hatten, wie Helmut Kohl, nach Kriegsende die Schlagbäume an den Landesgrenzen gestürmt und Grenzsteine aus dem Boden gerissen. Diese Prägung hilft, den missionarischen Eifer zu erklären, mit dem Kohl in seiner Europapolitik zu Werke ging – insbesondere nachdem er sich in den 18 Monaten zwischen Sommer 1989 und Spätherbst 1990 mit der deutschen Wiedervereinigung zu historischer Größe aufgeschwungen hatte.

Mit dem Euro wollte Helmut Kohl den entscheidenden Durchbruch zu einem europäischen Bundesstaat schaffen. Ein bloßes Wirtschaftseuropa, wie es seit den Römischen Verträgen als europäischer Binnenmarkt zunehmend gut funktionierte, war ihm zu wenig. Als Fernziel, schreibt sein Biograph, habe ihm noch in den späten 1980er Jahren eine Art Bundestaat vorgeschwebt, mit einer gemeinsamen Außen- und Sicherheitspolitik, einem vom Europäischen Parlament legitimierten parlamentarischen Entscheidungssystem und getragen von einem europäischen Solidaritätsbewusstsein, »wie es bis dahin nur die inzwischen zu klein gewordenen Nationalstaaten« hatten.[48] Mit der Einführung der Ge-

---

48 Hans-Peter Schwarz: Helmut Kohl. Eine politische Biographie. München 2012, S. 411–412.

meinschaftswährung, so hat es der britische Historiker John Gillingham formuliert, sollte den Europäern die Liebe zur »vorgestellten Gemeinschaft« eines europäischen Vaterlandes eingeimpft werden, denn an einer gemeinsamen europäischen Identität und integrierender Symbolik mangelte es weiterhin.[49]

Die Voraussetzungen für ein solch ehrgeiziges Unterfangen wären zu keinem Zeitpunkt besonders günstig gewesen. Allzu unterschiedlich leistungsstark waren die verschiedenen Volkswirtschaften, zu verschiedenartig die Systeme der sozialen Sicherung, zu mannigfaltig die politischen Kulturen und die mentalen Prägungen in den einzelnen Ländern. In den späten 1980er und 1990er Jahren erwiesen sich die wirtschaftlichen und politischen Rahmenbedingungen freilich als besonders schlecht, denn anders als in den 1950er Jahren wurde der Integrationsschub nicht von hohem Wirtschaftswachstum und annähernder Vollbeschäftigung getragen. Er musste vielmehr deutlich widrigeren Bedingungen langsamer bis stagnierender Wachstumsraten und hoher Arbeitslosenquoten abgetrotzt werden. In den ersten Jahrzehnten ihres Bestehens hatte die Europäische Gemeinschaft die unterschiedlichen Anliegen von vergleichsweise wenigen Mitgliedsländern aus den hohen Zuwachsraten einer Phase der Hochkonjunktur befriedigen können. Unter den ungleich schwierigeren Verhältnissen seit der ersten Ölkrise Anfang der 1970er Jahre gerieten die verschiedenartigen Bedürfnisse einer erheblich größeren – und heterogeneren – Zahl von Mitgliedsländern stärker miteinander in Konflikt.

---

49 John Gillingham: European Integration 1950–2003. Superstate or New Market Economy? Cambridge u. a. 2003, S. 275.

Außerdem ging der Kalte Krieg, in dem sich die westeuropäischen Staaten nicht nur aus ökonomischen Gründen, sondern auch zur Verteidigung gegen die Sowjetunion zusammengeschlossen hatten, zu Ende. Damit verschwand der einigende Feind im Osten. Es schwand aber auch, spätestens seit der Präsidentschaft von George W. Bush und noch mehr unter Präsident Barack Obama, die amerikanische Unterstützung für die europäische Integration, die vom Marshall-Plan der späten 1940er bis zu den 2-plus-4-Verhandlungen der frühen 1990er Jahre und der EU-Osterweiterung nach der Jahrtausendwende entscheidend wichtig gewesen war.

An die Stelle der hegemonialen Großräume und Militärblöcke des Ost-West-Konflikts trat weltweit wieder ein System der Nationalstaaten, das dem Staatensystem vor 1914 gar nicht so unähnlich war. Die Nationalstaaten waren rechtlich und institutionell zwar enger miteinander verflochten als früher. Sie arbeiteten intensiver international zusammen, um einerseits die zunehmenden grenzüberschreitenden Probleme wie den internationalen Terrorismus, die organisierte Kriminalität oder den Umweltschutz anzugehen und um andererseits bessere Chancen für wirtschaftlichen Wohlstand durch internationalen Handel zu ermöglichen. Sie hatten sich aber in ihrem Kern doch als erstaunlich beharrungskräftig erwiesen.

Trotzdem hielt der deutsche Bundeskanzler an seinem Ziel fest. Er sei, erklärte er im Juni 1991 vor dem Bundesvorstand der CDU, noch nie in seinem Leben so sehr auf ein bestimmtes Ziel hin motiviert gewesen: »Das erste Ziel heißt für mich, nach der deutschen Einheit den entscheidenden Beitrag zum Bau der Vereinigten Staaten von Europa zu bringen, sodass niemand mehr das Ziel verändern kann.«[50] Aus dieser Bemerkung spricht nicht nur das Vollgefühl der Überzeugung. Man kann aus ihr auch das unterschwellige Empfinden heraushören, gegen den Strom der Zeit zu schwimmen. Kohl glaubte, in seiner Amtszeit Pflöcke einschlagen zu müssen, die weniger europäisch gesinnte Nachfolger nicht mehr würden versetzen können. Nur so erklärt sich die Häufung der Vokabeln »unumkehrbar«, »irreversibel« und »alternativlos«, die Kohls Reden jener Jahre wie ein Mantra durchziehen. »Täuschen Sie sich nicht«, hatte er schon bei seinem ersten Treffen mit Mitterrand 1983 gesagt, »ich bin der letzte pro-europäische Bundeskanzler«.[51] Der Weg zur Europäischen Union sei unumkehrbar, stellte er acht Jahre später zufrieden fest, als im Bundestag über die Beratungen in Maastricht diskutiert wurde: »Die Mitgliedstaaten der Europäischen Gemeinschaft sind jetzt für die Zukunft in einer Weise miteinander verbunden, die ein Auseinanderbrechen oder einen Rückfall in früheres nationalstaatliches Denken mit all seinen schlimmen Konsequenzen unmöglich macht.«[52]

Diese Rechnung hat sich als Fehlkalkulation erwiesen. Zwar trieb man die europäische Integration in bisher unbekannte Gefilde voran. Die Zuständigkeitsbereiche der bisherigen Europäischen Gemeinschaft – Binnenmarkt, Wettbewerbskontrolle und Verbraucherschutz sowie die

---

50 Helmut Kohl: Berichte zur Lage 1989–1998, bearbeitet von Günter Buchstab und Hans-Otto Kleinmann, Düsseldorf 2012, S. 290.
51 Eintrag vom 2. Oktober 1982; Jacques Attali: Verbatim, Band. 1: Chroniques des années 1981–1986, Paris 1996, S. 326.
52 Deutscher Bundestag, 12. Wahlperiode, 68. Sitzung, stenographischer Bericht, 12. Dezember 1991, S. 5797–5803, hier S. 5797 B.

vier Grundfreiheiten im Verkehr von Waren, Personen, Dienstleistungen und Kapital – wurden komplett vergemeinschaftet. Eine gemeinsame Währung sollte noch in den 1990er Jahren Wirklichkeit werden, aber die umfassende Politische Union, die für Kohl das »unerlässliche Gegenstück zur Wirtschafts- und Währungsunion« gewesen war und die in seinen Augen das Novum der neu gegründeten Europäischen Union von Maastricht sein sollte, kam nicht zustande.[53]

Ob eine Politische Union, wie sie Kohl vorschwebte, tatsächlich eine wirksame Stütze der Gemeinschaftswährung geworden wäre, ist allerdings fraglich. Der Bundeskanzler dachte dabei kaum an eine engere Kooperation in der Wirtschafts- und Finanzpolitik, die er für relativ aussichtslos hielt und die ihn auch wenig interessierte. Ihm ging es in erster Linie um eine gemeinsame Außen- und Sicherheitspolitik – und damit scheiterte er. Die EU blieb insbesondere in außen- und sicherheitspolitischen Fragen auf die Aushandlungsprozesse der nationalen Regierungen angewiesen. Gerade hier verschafften sich die Nationalstaaten erneut unübersehbar Geltung, auch wenn immer mehr Regelungskompetenzen in anderen Politikbereichen von der nationalen auf die europäische Ebene verlagert wurden.

Ähnlich wie hundert Jahre zuvor erwiesen sich auch an der Wende vom 20. zum 21. Jahrhundert Europäisierung, Internationalisierung und Globalisierung auf der einen und Nationalisierung auf der anderen Seite nicht als Gegensätze

---

53 Deutscher Bundestag, 12. Wahlperiode, 53. Sitzung, stenographischer Bericht, 6. November 1991, S. 4367 B/C.

oder alternative Entwicklungsmöglichkeiten. Sie waren vielmehr Phänomene, die sich wechselseitig verstärkten. In Frankreich überstand der Maastrichter Vertrag 1992 einen Volksentscheid nur um Haaresbreite. Die Mehrheit der dänischen Wähler lehnte das Vertragswerk in einem Referendum ab. In Deutschland setzte das Bundesverfassungsgericht der supranationalen Integration unter Verweis auf die fehlende demokratische Legitimation Grenzen. Die britische Regierung hatte für ihr Land Ausstiegsklauseln durchgesetzt, die es erlaubten, der Währungsunion fernzubleiben. Auch Schweden, das 1995 der EU beitrat, behielt seine eigene Währung. Bei den Verhandlungen über veränderte Stimmengewichte im Europäischen Rat auf der Regierungskonferenz von Nizza prallten deutsche und französische Interessen aufeinander. Die Iren stimmten 2001 gegen den Vertrag von Nizza und ließen ihn erst passieren, als sie ein zweites Mal an die Urnen gebeten wurden.

Vier Jahre später versetzten die Wähler in den Niederlanden und in Frankreich dem ehrgeizigen Projekt einer europäischen Verfassung in Volksabstimmungen den Todesstoß. Mit dem Scheitern des Verfassungsprozesses war der Gipfelpunkt der idealistischen Strömung für die Vereinigten Staaten von Europa überschritten und das Ende eines Weges erreicht, den Länder wie Großbritannien, aber auch Polen von Anfang an nicht hatten mitgehen wollen. Der folgende Vertrag von Lissabon setzte den Akzent wieder stärker auf die verbliebene Macht der nationalen Regierungen. »Die Mitgliedstaaten sind die Herren der Verträge«, resümierte Bundeskanzlerin Angela Merkel bei einer Rede im Europakolleg im belgischen Brügge im November 2010 den Kern des Lissabon-Vertrages, »dort, wo es keine Gemeinschaftskompetenz gibt, kann die Gemeinschaftsmethode auch nicht angewandt werden«.[54]

Von den Vereinigten Staaten von Europa als Zielperspektive der europäischen Integration sprach angesichts dieser Entwicklungen kaum noch jemand. Der Begriff des europäischen Bundesstaates war ebenfalls längst auf dem Rückzug. Auch die CDU hatte ihn bereits 1992 aus ihrem Parteiprogramm gestrichen. Selbst Helmut Kohl verlor in den letzten Jahren seiner Kanzlerschaft den Glauben daran, dass diese Zukunftsperspektive noch erstrebenswert war. Nach dem Ausscheiden von Jacques Delors 1995 sagte ihm die Arbeit der Europäischen Kommission unter einer Reihe eher schwacher Präsidenten immer weniger zu. Wenn es in Europa vorangehen sollte, dann Kohls Meinung nach nur durch die Zusammenarbeit nationaler Regierungen. Eine stärkere Konzentration der Entscheidungsbefugnisse dort habe »nichts mit Renationalisierung zu tun«. Die Entwicklung hin auf die »Vereinigten Staaten von Europa« im Sinne Churchills, bemerkte Kohl gegenüber dem britischen Premierminister Tony Blair, habe sich »als mißverständliche und falsche Richtung« erwiesen.[55]

Unter Angela Merkel haben sich die Abwendung von den supranationalen Institutionen und die Rückkehr zu einer von den nationalen Regierungen bestimmten Politikgestaltung verstärkt. Die Schubumkehr hat verschiedene Gründe:

---

54 Rede anlässlich der Eröffnung des 61. Akademischen Jahres des Europakollegs Brügge am 2. November 2010; http://www.bundesregierung.de/Content/DE/Rede/2010/11/2010-11-02-merkel-bruegge.html (30. Mai 2013).
55 Zitiert nach Hans-Peter Schwarz: Helmut Kohl. Eine politische Biographie. München 2012, S. 816.

Erstens fehlt der Kanzlerin die emotionale Bindung an den Europamythos, die Kohl besaß. Für ihn war die europäische Einigung eine Herzensangelegenheit. Für Merkel ist sie eine Sache des Verstandes, eine politische Rechenaufgabe mit vielen Unbekannten, die es zu lösen gilt. Kohl tendierte in der Europapolitik je länger, je mehr dazu, seine eigenen Überzeugungen für wichtiger zu erachten als die Realität, die ihm in die Quere kam. Bei Merkel verhält es sich umgekehrt. Sie lässt die Umstände die Richtung vorgeben. Peter Struck, der als sozialdemokratischer Fraktionsvorsitzender in der Zeit der großen Koalition Gelegenheit hatte, sie genau zu studieren, hat einmal gesagt, die Kanzlerin sei eine wunderbar verlässliche Pilotin, der man sich jederzeit anvertrauen könne, solange einem gleichgültig sei, wo das Flugzeug lande.

Zweitens schlug in der europäischen Schuldenkrise, wie in jeder Notlage, die Stunde der Exekutive – und die saß nun einmal in den verschiedenen nationalen Hauptstädten und nicht in der Brüsseler Kommission oder im Straßburger Parlament. Zu Kohls Zeiten, so hat der Journalist Nikolaus Blome bemerkt, rechnete man in der Europapolitik mit Summen von ein oder zwei Milliarden D-Mark, »notfalls aus deutschen Kassen«, um einen kippeligen EU-Etatgipfel zu retten. Heute stehe das Hundertfache auf dem Spiel. Anfang der 1990er Jahre habe man mit Blick auf den deutschen Beitrag zum EU-Haushalt um einige Milliarden D-Mark mehr oder weniger gefeilscht. Heute gehe es darum, ob Deutschland bald für alle Staatsschulden der Eurozone hafte: »das Mehr-Tausendfache«.[56]

---

56 Nikolaus Blome: Angela Merkel – die Zauder-Künstlerin. München 2013, S. 150.

Um derartige Summen zu bewegen, fehlt den Institutionen der EU nicht nur das Geld, sondern auch die demokratische Legitimation.

Drittens schließlich hatten die Auslöser der Krise wenig mit denjenigen Politikbereichen zu tun, für welche die EU zuständig war. Sie lagen vielmehr – von den Staatshaushalten über die Arbeitsmärkte bis zu den Sozial- und Steuersystemen – fast durchweg in der Verantwortung der Einzelstaaten. Wer für diese Missstände gesamteuropäische Lösungen anstrebte, der setzte an der falschen Stelle an und überspannte die Kräfte der Union. Angela Merkel, konstatierte der Journalist Stefan Cornelius, habe sich innerlich längst von der Gemeinschaftsmethode verabschiedet. Die Nationalstaaten mussten sich ihrer Meinung nach ohne große Änderung der Europäischen Verträge selbst aus der Malaise befreien, für die schließlich auch niemand außer ihnen verantwortlich war.[57]

Deswegen verschoben sich in der europäischen Schuldenkrise die Gewichte weg von Brüssel und Straßburg zurück in die nationalen Hauptstädte und voran auf die globalen Märkte. Zwar hatte der Lissabon-Vertrag von 2007 mehr Befugnisse an das Europaparlament übertragen und die Möglichkeit eines europäischen Bürgerbegehrens geschaffen. Die politischen Debatten jedoch blieben national geprägt, und die wichtigen politischen Entscheidungen fielen in der Schuldenkrise mehr denn je auf den Gipfeltreffen des Europäischen Rats. Die nationalen Regierungschefs, die sich dort trafen, verfolgten bei den Verhandlungen in erster

---

57 Stefan Kornelius: Angela Merkel. Die Kanzlerin und ihre Welt. Hamburg 2013, S. 263.

Linie nationale Ziele, nicht europäische. Sie machten sich Gedanken über die Mehrheitsverhältnisse in den Volksvertretungen ihrer eigenen Länder, nicht über mögliche Abstimmungsergebnisse im Europäischen Parlament. Sie fürchteten die negative Berichterstattung in den heimatlichen Medien, nicht im Ausland. Deswegen gaben sie sich alle Mühe, nach jedem Ratstreffen – und sei es noch so spät in der Nacht – der Presse unmittelbar ihre jeweils eigene Version der Gipfelergebnisse zu verkünden.

Gleichzeitig griffen die währungspolitischen Fragen, die während der Schuldenkrise verhandelt wurden, tief in die wirtschafts- und sozialpolitischen Hoheitsrechte der Einzelstaaten ein. In nationalen Wahlkämpfen und Pressekampagnen wurden immer häufiger »Europa« und bestimmte andere europäische Staaten, vor allem Deutschland, für die Missstände im eigenen Land verantwortlich gemacht. Historische Parallelen zu den Pressekriegen, die um 1900 die europäischen Öffentlichkeiten gegeneinander aufbrachten, erscheinen nicht mehr abwegig.[58] Griechen, Zyprer oder Italiener suchten die Schuld für ihre eigene Situation nicht so sehr bei politischen Fehlentscheidungen korrupter Führungsschichten ihres eigenen Landes, sondern in Brüssel oder Berlin, wo man sich angeblich nicht ausreichend solidarisch zeige. Die von Berlin durchgesetzte Rettungspolitik wurde mit ihren Reformanforderungen in den betroffenen Ländern als neue Form eines deutschen Imperialismus wahrgenommen. In Italien rief man das »Vierte Reich« aus und zeigte Kanzlerin Merkel mit Hitler-Bärtchen in SS-Uni-

---

58 Vgl. Dominik Geppert: Pressekriege. Diplomatie und Öffentlichkeit in den deutsch-britischen Beziehungen 1896–1912. München 2007.

form.[59] Die englische Boulevardpresse erklärte, wo die Nationalsozialisten mit militärischen Mitteln noch gescheitert seien, hätten die modernen Deutschen ihr Ziel über Handel und finanzielle Disziplin erreicht: »Willkommen im Vierten Reich«.[60] Umgekehrt polemisierte die BILD-Zeitung gegen die Südländer: »Verkauft doch eure Inseln, ihr Pleite-Griechen ... und die Akropolis gleich mit!«[61]

Die Öffentlichkeiten der Länder im Euroraum – an dieser Erkenntnis führt nach drei Jahren europäischer Krise kein Weg vorbei – werden zusehends nationalistischer. Die Leistungsfähigkeit der verschiedenen Volkswirtschaften klafft immer weiter auseinander. Noch eine oder zwei solcher Rettungen, schrieb der Freiburger Staatsrechtler Rainer Wahl im April 2013 nach der Zypern-Krise, und Europa sei verloren: nicht in erster Linie wegen der finanziellen Folgen, sondern wegen der schleichenden Erosion an der Basis der europäischen Integration. Der Zusammenhalt in der EU, das europäische Gemeinschaftsempfinden und der Gemeinschaftswille zerbröselten im Überbietungswettbewerb der Anklagen und Schmähungen. Die langwierigen Verhandlungen mit wechselseitigen Verdächtigungen nähre »die Spirale des Geltendmachens der jeweils nationalen Interessen der einzelnen Länder«.[62] Diese Entwicklung war vorauszusehen, und sie ist in der Tat von klugen Beobachtern auch prophezeit worden. Der amerikanische Ökonom

---

59 Für das »Vierte Reich« siehe etwa die zu Berlusconis Konzern gehörende Zeitschrift »Il Giornale« vom 3. August 2012; für Merkel in SS-Uniform siehe die rechtskonservative Zeitung »Libero« im August 2011.
60 Daily-Mail vom 17. August 2011.
61 Bild vom 27. Oktober 2010.
62 FAZ vom 2. April 2013.

Martin Feldstein zum Beispiel hat schon 1997, also vor Beginn der Währungsunion, auf das Konfliktpotential hingewiesen, das eine Gemeinschaftswährung für das Verhältnis der europäischen Staaten untereinander berge. Die Währungsunion, so Feldsteins Prognose, werde nicht zu europäischer Harmonie führen, sondern zu Konflikten und allgemeiner Missgunst.[63]

Der Versuch, die europäischen Volkswirtschaften durch eine supranationale Währung zu fusionieren und auf diese Weise einen entscheidenden Bruch mit der Vergangenheit herbeizuführen, hat die tot geglaubten nationalistischen Geister der Vergangenheit zu neuem Leben erweckt. Die verantwortungsschwere Leichtfertigkeit, mit welcher Politiker und Fachleute über die Deutsche Mark disponierten, müsste kriminell genannt werden, wenn sie nicht auf politischem Unverstand und gutem Willen beruhte, hatte der Publizist Johannes Gross bei der Einführung des Euro gespottet.[64] Das Urteil hat sich in der gegenwärtigen Krise bestätigt. Was dazu dienen sollte, den europäischen Einigungsprozess entscheidend voranzubringen, hat das Gegenteil bewirkt. Ein Währungskonzept, das Solidität und Solidarität in Europa fördern sollte, brachte Streit und Spaltung. Der Euro entwickelt Sprengkraft, statt die Völker zusammenzubringen.

---

63 Martin Feldstein: EMU and International Conflict. in: Foreign Affairs 76 (1997), S. 60–73.
64 Johannes Gross: Nachrichten aus der Berliner Republik. Notizen aus dem inneren und äußeren Leben 1995–1999. Berlin 1999, S. 145.

4.
Die Fehlkonstruktion der Europäischen Währungsunion

Nicht nur die Politiker haben sich verrechnet. Auch die Zentralbanker und Finanzfachleute, die mit ihrer Expertise für die technische Ausgestaltung der Währungsunion verantwortlich waren, haben einen entscheidenden Fehler begangen. Sie nahmen an, man könne zunächst 11, später 17, dann 18 Nationalstaaten in einem System fester unveränderlicher Wechselkurse zusammenfassen und die negativen Folgewirkungen durch kluge institutionelle Arrangements und Verhaltensregeln im Griff behalten. Dem stand von Anfang an die Tatsache entgegen, dass die Mitgliedstaaten der Währungsunion sich in ihren kulturellen und politischen Traditionen, in den vorherrschenden Mentalitäten und Denkweisen zum Teil gewaltig voneinander unterschieden. Ihre Wirtschaftskraft war ungleich entwickelt. Sie besaßen verschiedenartige Verwaltungs-, Steuer- und Sozialsysteme und wichen auch im Hinblick auf die in ihnen gegebenen Arbeitsmarktbedingungen stark voneinander ab. Die Gesellschaften in der Eurozone stimmten weder in ihrem Konsumverhalten noch in den vorherrschenden Einstellungen zur Inflation oder zur Arbeits-, Zahlungs- und Steuermoral überein. Dass diese Differenzen ignoriert oder vernachlässigt wurden, war und ist der entscheidende Konstruktionsfehler der Europäischen Währungsunion. Alle weiteren Schwierigkeiten folgten daraus.

Um zu verstehen, wie es zu dieser krassen Fehleinschätzung kommen konnte, muss man sich vor Augen führen, dass an vielen Orten ganz konkrete Interessen mit einer europäischen Gemeinschaftswährung verbunden wurden. In Frankreich sah man darin eine Chance, von der D-Mark als europäischer Leitwährung loszukommen und die währungspolitische Hegemonie der Bundesbank abzuschütteln. In vielen südeuropäischen Ländern verband sich mit dem Euro die Erwartung, mit dem deutschen Modell der Geldpolitik auch den deutschen Wirtschaftserfolg zu importieren. Länder wie Italien oder Griechenland wollten von niedrigen Zinsen profitieren und dadurch ihre Staatshaushalte um gewaltige Summen entlasten. Sie würden die eigenen Wirtschaftsstrukturen modernisieren und mehr Auslandsinvestitionen anziehen, so der Plan. Außerdem hoffte man, in der Währungsunion werde sich umgekehrt auch das deutsche Wirtschaftsgebaren den eigenen Vorstellungen angleichen. Auf diese Weise sollten die äußeren Zwänge und der Wettbewerbsdruck auf die eigene Wirtschaft nachlassen.[65]

Auch in Deutschland befürworteten manche die Gemeinschaftswährung, weil sie sich praktische Vorteile erhofften. Die Industrie erwartete, der Euro werde schwächer als die D-Mark sein und daher den Absatz deutscher Waren im Ausland erleichtern. Die Finanzwirtschaft sah in einem gemeinsamen Währungsraum die Chance, in die Nachbar-

---

65 Vgl. Andrew Moravcsik: Europe after the Crisis, in: Foreign Affairs 91, Mai/Juni 2012, S. 54–68.

länder zu expandieren. Es gab gewichtige Gegenstimmen, vor allem aus der Bundesbank, die Zweifel hatten, ob eine europäische Währung mit den bewährten Traditionen deutscher Geldpolitik vereinbar sein würde. Dass Ende der 1980er Jahre trotzdem der Durchbruch zu einer europäischen Währungsunion gelang, lag maßgeblich an den im vorigen Kapitel beschriebenen politischen Erwägungen. Als Gegenleistung für die Aufgabe der D-Mark verlangte die Bundesregierung, dass die Europäische Zentralbank ihren Sitz in Frankfurt nahm. Sie wurde nach dem Modell der Bundesbank konstruiert, das heißt: Sie sollte nur auf den Erhalt des Geldwertes ausgerichtet sein und sich auf keinerlei andere Aufgaben – etwa in der Konjunktur- oder Arbeitsmarktpolitik – einlassen.

Wichtig war in diesem Kontext, dass im europäischen Zentralbankwesen zwischenzeitlich eine »intellektuelle Revolution« stattgefunden hatte.[66] Anders als in der Vergangenheit fand die Konzeption einer unabhängigen Notenbank, die von den Einflüssen der Politik frei gehalten wurde, auch außerhalb der Bundesrepublik breitere Unterstützung. Insbesondere in Frankreich und auch in Großbritannien hatte sich der Eindruck durchgesetzt, die Bundesbank sei in den zurückliegenden Jahrzehnten erfolgreicher gewesen als die *Banque de France* oder die *Bank of England*, die bis dahin direkt dem französischen Finanzministerium beziehungsweise dem britischen Schatzamt unterstanden.

Auf der Grundlage dieses neuen Konsenses wurde die Europäische Zentralbank (EZB) nach dem deutschen Mo-

---

66 Harold James: Making the European Monetary Union. Cambridge/Mass., London 2012, S. 15.

dell entworfen. Das machte es für die skeptischen Bundesbanker schwieriger, die neue Institution rundweg abzulehnen. Trotzdem blieben massive Bedenken, denn schließlich kam die Gemeinschaftswährung auf dem Weg der Grundsteintheorie zustande, wie sie seit den 1960er Jahren von den sogenannten »Monetaristen« in Frankreich und anderswo propagiert worden war: Man begann mit der Währungsunion und erwartete sich davon weitere Impulse für eine später vielleicht einmal zu verwirklichende Politische Union. Die Bundesbank hingegen hatte in diesen Debatten stets zum Lager der sogenannten »Ökonomisten« gehört und die Krönungstheorie verfochten. Ihr zufolge sollte eine gemeinsame Währung der krönende Abschluss eines zuvor verwirklichten politischen Zusammenschlusses sein.

Machtpolitisch betrachtet, gab die Bundesregierung mit der Europäisierung der Geldpolitik Kompetenzen ab, die sie ohnehin nicht besaß, weil die Bundesbank politisch unabhängig war. Umgekehrt verlor etwa die französische Regierung ihren bestimmenden Einfluss auf die eigene Geldpolitik. Dafür gewannen die französischen Zentralbanker auf doppelte Weise an Gewicht und Geltung: einmal gegenüber der eigenen Regierung und zum anderen gegenüber der Bundesbank, mit der man jetzt im Rat der EZB auf gleicher Augenhöhe operierte.

Die Wachstumserwartungen, die manch einer in Deutschland in die Gemeinschaftswährung gesetzt hatte, erfüllten sich zunächst nicht. Im Gegenteil: Deutschland litt in den ersten Jahren nach der Einführung des Euro unter niedrigen Wachstumsraten, nachlassender Wettbewerbsfähigkeit und hoher Arbeitslosigkeit. Insofern ist die immer wieder zu hörende Rechtfertigung, Deutschland habe wie kein anderes

Land wirtschaftlich vom Euro profitiert, zumindest irreführend, ja für die Zeit bis etwa 2005 schlicht falsch.[67] In dieser Situation, und das war mitentscheidend für die spätere, bis heute noch andauernde günstige Entwicklung, raffte sich das Land unter der Regierung Gerhard Schröders zu wichtigen Reformen des Arbeitsmarktes und des Sozialstaates auf. Zudem übten die deutschen Gewerkschaften über Jahre hinweg große Zurückhaltung bei den Lohnabschlüssen.

Die unter dem Namen Agenda 2010 bekannten Arbeitsmarkt- und Sozialreformen führten zu Einschnitten in den Sozialstaat, niedrigeren Lohnansprüchen und beträchtlichen Belastungen für die deutschen Arbeitnehmer. Sie verlangten der deutschen Gesellschaft erhebliche und zum Teil schmerzhafte Anpassungsleistungen ab. Die Deutschen waren bereit, bei gleichem, zum Teil sinkendem Realeinkommen länger zu arbeiten, während anderswo die Löhne teils drastisch stiegen. Die Bundesrepublik passte sich also keineswegs den Vorstellungen der Länder mit traditionell schwacher Währung an. Vielmehr besannen sich die Deutschen auf jene Tugenden, denen sie in den 1950er und 1960er Jahren ihren wirtschaftlichen Wiederaufstieg nach dem Zweiten Weltkrieg zu verdanken hatten. Umgekehrt blieben die Strukturreformen, die man sich in vielen Weichwährungsländern vom Euro erhofft hatte, weitgehend aus. Die verringerten Zinslasten wurden kaum oder gar nicht zum Abbau der Staatsverschuldung genutzt. Stattdessen explodierten in einigen Ländern, beispielsweise in Griechenland, die Staatsausgaben. Anderswo, etwa in Spanien oder

---

67 Vgl. Hans-Werner Sinn: Die Target-Falle. Gefahren für unser Geld und unsere Kinder. München 2012, S. 51–74.

Irland, verschuldeten sich die privaten Haushalte. Die Ursache war in beiden Fällen dieselbe: In Ländern, die an hohe Inflationsraten und Zinssätze gewöhnt waren, konnten Regierungen, Unternehmen und Privatleute nach der Einführung des Euro mit einem Mal zu historisch günstigen Konditionen Geld leihen.

Anders als erhofft, glichen sich die Wirtschaftsmodelle in der Eurozone nicht aneinander an. Im Gegenteil. Die Wettbewerbsfähigkeit der verschiedenen Mitgliedstaaten der Währungsunion driftete immer weiter auseinander. Deutsche Exporteure setzten ihre Waren nicht nur in Griechenland, Spanien, Portugal oder Irland ab. Sie profitierten auch davon, dass sie ihre Produkte auf dem Weltmarkt vergleichsweise kostengünstig anbieten konnten, weil der Euro zeitweise niedrig bewertet wurde. Überdies flossen Teile des Handelsüberschusses als Auslandskredite deutscher oder französischer Banken in die Staaten Südeuropas, wo sie etwas höhere Rendite brachten als daheim. Insofern ging es bei den Rettungspaketen für Griechenland immer auch und gerade um Hilfen für die dort involvierten eigenen Banken.

Nachdem die Hochkonjunktur in Südeuropa die unangenehmen Realitäten lange überdeckt hatte, traten sie seit 2010 umso krasser zutage. Die Frage, wie der deutsche Wirtschaftserfolg und die damit verbundenen Ungleichgewichte in den Leistungsbilanzen ausgehalten werden konnten, war mit der Währungsunion keineswegs verschwunden. Sie stellte sich vielmehr mit nie gekannter Dringlichkeit. Denn erstens war die Unwucht durch die Ausweitung des gemeinsamen europäischen Kapitalmarktes und durch verstärkte Kapitalflüsse aus dem Norden in den Süden gigantisch angewachsen. Und zweitens war in einer Währungsunion der Ausweg über Aufwertungen in Deutschland und Abwertungen anderswo verbaut.

Wenn man alle Länder in der Währungsunion halten wollte, blieben in dieser Situation nur weitere Stützungskredite aus den Gläubigerländern und interne Abwertungen in den Schuldenstaaten. Ersteres wälzte die finanzielle Verantwortung für die Lasten der Rettungsmaßnahmen von den beteiligten Banken auf die Steuerzahler in den Gläubigerstaaten ab. Letzteres lief vor allem auf Kürzungen bei Löhnen, Gehältern und Sozialleistungen in den Schuldenstaaten hinaus. Dort gerieten die sozialen Sicherungssysteme und die öffentliche Infrastruktur zum Teil an den Rand des Zusammenbruchs. Auf diese Weise wurde die Zustimmung nicht nur zur Währungsunion, sondern zur europäischen Integration insgesamt untergraben. Die Bürger in den Gläubigerstaaten erlebten, wie ihre Regierungen immer größere Summen von Steuergeld bewegten, um Ländern aus der Klemme zu helfen, die sich zum großen Teil selbst in ihre missliche Lage gebracht hatten. Da die Kredite an Bedingungen gekoppelt waren, gewannen jedoch umgekehrt die Lohnempfänger und Rentenbezieher in den Schuldenstaaten den Eindruck, der ohnehin prosperierende Norden (vor allem Deutschland) profitiere von der Krise, während sie selbst ohne Aussicht auf Besserung immer tiefer im Schuldensumpf versanken.

Das Ergebnis ist eine Spirale des Unmuts, der Missgunst und der gegenseitigen Schuldvorwürfe, die der britische Publizist David Marsh mit der Atmosphäre verglichen hat, die im Europa der Zwischenkriegszeit wegen der Reparationszahlungen des besiegten Deutschlands nach dem Ersten

Weltkrieg geherrscht hatte.[68] In dieser Situation sieht es so aus, als könnten sowohl die Gläubiger als auch die Schuldner revoltieren: die einen gegen die Aussicht, ihre Kredite nie zurückgezahlt zu bekommen; die anderen gegen die drückenden Konditionen für Kredite, die nur ausgegeben wurden, um eine falsch konstruierte Währungsunion vor dem Kollaps zu bewahren.

Zusätzlich kompliziert wurde die Situation dadurch, dass sich die allgemeine Wertschätzung unabhängiger Zentralbanken als wenig dauerhaft erwiesen hat. Spätestens in der Weltfinanzkrise seit 2008 setzte sich in vielen Staaten wieder die Ansicht durch, im Zweifelsfall müsse es einen Vorrang der Politik geben. Das gilt für die USA, wo die *Federal Reserve* heute strengerer Aufsicht durch die Regierung unterliegt als zu Alan Greenspans Zeiten. Auch in Großbritannien geht der Trend zurück zu einer stärkeren politischen Kontrolle der *Bank of England*. Neuerdings ist auch die japanische Notenbank auf diesen Kurs eingeschwenkt. Die EZB bildet in dieser Hinsicht keine Ausnahme. Der Bundesbankpräsident steht mit seinem Insistieren auf der im Maastricht-Vertrag festgeschriebenen Autonomie schon seit einiger Zeit erkennbar auf verlorenem Posten.

Der Konsens, der eine gemeinsame europäische Währung möglich gemacht hatte, ist in den Auseinandersetzungen über die Rettungspolitik zerrieben worden. Heute läuft ein Graben durch die EZB, wie man bei den Auseinandersetzungen der Bundesbankpräsidenten Axel Weber und Jens Weidmann mit den EZB-Präsidenten Jean-Claude Trichet

---

68 David Marsh: The Euro. The Battle for the New Global Currency. New Haven, London 2011, S. 5.

und Mario Draghi wiederholt beobachten konnte. Diese Kluft spiegelt die Zustände im Euroraum insgesamt wider. Von einer Einheit in der Vielfalt ist nicht mehr viel zu spüren. Die Währungsunion ist in ein Gläubiger- und ein Schuldnerlager gespalten, mit Frankreich als Weltkind in der Mitte, das noch nicht recht weiß, zu welcher Gruppe es gehören wird.

Anders als manchmal zu hören ist, waren das Zerplatzen der Immobilienblase in den USA und die Insolvenz der Lehman-Bank 2008 nur der Anlass, aber nicht die Ursache für die Schwierigkeiten im Euroraum. Sicher haben die globalen Finanzmärkte, deren Größe und Transaktionsgeschwindigkeit durch Deregulierung und Globalisierung seit den 1990er Jahren immer stärker außer Kontrolle geraten sind, die Notlage zugespitzt. Sie haben die Krise komplizierter gemacht, als selbst Kritiker vor der Einführung des Euro erwartet hatten. Nachdem die Märkte die unterschiedlichen Risiken für Staatsanleihen in der Eurozone lange ignoriert hatten, verfielen sie seit 2010 ins andere Extrem und blieben gegenüber den eingeleiteten Rettungsmaßnahmen ausgesprochen skeptisch. Daher sahen sich die verschuldeten Staaten vor allem in Europas Süden trotz ihrer zum Teil beträchtlichen Sparbemühungen mit weiterhin wachsenden Zinslasten konfrontiert.[69]

Das Kernproblem jedoch, das allen Schwierigkeiten in der Eurozone zugrunde liegt, hatte mit den von Amerika ausgehenden Turbulenzen nichts zu tun. Mit der Einführung des Euro wurde zum 1. Januar 1999 innerhalb der Wäh-

---

69 Vgl. Timothy Garton Ash: The Crisis of Europe, in: Foreign Affairs September/Oktober 2012, S. 2–15, hier S. 8–9.

rungsunion ein System fester Wechselkurse etabliert. Seither gibt es keine Möglichkeit mehr, die Kurse zwischen den Mitgliedsländern der Währungsunion zu ändern. Mit den veränderbaren Wechselkursen verloren die Länder der Eurozone jedoch einen entscheidend wichtigen Mechanismus zur Anpassung an asymmetrische wirtschaftliche Schocks.

Bis dahin hatten sich Schwankungen der internationalen Nachfrage nach den Produkten eines Landes über eine Veränderung der Wechselkurse auffangen lassen. In der Währungsunion mussten nun andere volkswirtschaftliche Stabilisatoren die Funktion der flexiblen Wechselkurse übernehmen. Schon früh hatten Ökonomen gewarnt, dass hierfür nur vier Ersatzmechanismen in Frage kämen: erstens die Senkung der realen Kosten, besonders der Reallöhne; zweitens die Mobilität der Arbeitskräfte; drittens Transferzahlungen; viertens protektionistische Maßnahmen.[70]

Wenn ein Land in der Eurozone unter einer Wachstumsschwäche leidet, kann es seine Konkurrenzfähigkeit theoretisch dadurch wiederherstellen, dass die dort ansässigen Unternehmen niedrigere Reallöhne zahlen als in anderen Ländern. Wachstum und zunehmende Beschäftigung wären die Folge. In der Praxis geschah das Gegenteil. Auch in der wirtschaftlichen Krise konnten die Löhne in den Schuldenstaaten nicht annähernd so gesenkt werden, wie es nötig gewesen wäre, um wieder wettbewerbsfähig zu werden. Im vorangegangenen Boom hingegen waren sie mancherorts überproportional stark gestiegen. Wie aus Berechnungen

---

70 Hierzu und im Folgenden stütze ich mich auf die Ausführungen von Dr. Sieghardt Rometsch in einem Vortrag vor den Vorstandsmitgliedern der VEBA AG am 28. April 1998; ich danke Dr. Rometsch dafür, dass er mir sein Vortragsmanuskript zur Verfügung gestellt hat.

der EU-Kommission und des Wirtschafts- und Sozialwissen-schaftlichen Instituts (WSI) der Hans-Böckler-Stiftung her-vorgeht, stand Deutschland in den Jahren 2000 bis 2008 mit einem Wachstum von 0,8 Prozent bei den realen Lohn-kosten am Ende der Entwicklung innerhalb der Eurozone. In Griechenland gab es mit 39,6 Prozent die stärkste Steige-rung der Reallöhne in den 15 »alten« EU-Staaten, gefolgt von Irland mit 30,3 Prozent. Nirgendwo sonst in der EU wurde so viel Lohnzurückhaltung an den Tag gelegt wie in Deutschland, nirgendwo so wenig wie in Griechenland.[71] Statt Wettbewerbsunterschiede zwischen den verschiedenen Ländern auszugleichen, wurden sie durch das Verhalten der Tarifpartner noch verstärkt.

Eine Alternative zur Preis- und Lohnflexibilität der Ar-beitsmärkte ist die Mobilität der Arbeitskräfte. Sie hätte zur Folge, dass Arbeitnehmer aus Regionen, in denen die Ar-beitslosigkeit hoch ist, in Gegenden umziehen, in denen neue Jobs zur Verfügung stehen. Tatsächlich kamen im vergange-nen Jahr fast 30.000 Spanier als Arbeitsmigranten nach Deutschland, dreimal so viele wie vor fünf Jahren. Aus Por-tugal wanderten 11.000, aus Italien 42.000 und aus Grie-chenland 34.000 Menschen ein, viermal so viele wie 2008.[72] Manch einer befürchtet daher, so wie gegenwärtig das Fi-nanzkapital aus der südeuropäischen Peripherie ins deutsche Zentrum fließe, werde auf Dauer auch das Humankapital in Form eines gigantischen Brain Drains junger, gut ausgebilde-ter Fachkräfte aus den Krisenländern nach Deutschland drif-

---

71 Siehe Handelsblatt vom 27. Oktober 2011. Vgl. auch Thorsten Schulten:
    Europäischer Tarifbericht des WSI 2007/2008.
72 Siehe FAS vom 2. Juni 2013.

ten und in den Randregionen der Eurozone wirtschaftlich ausgedörrte und seiner nachwachsenden Eliten beraubte Steppen zurücklassen.[73] Freilich sind derartigen Wanderungsbewegungen in der Eurozone schon aus sprachlichen Gründen und wegen der bestehenden kulturellen und sozialen Unterschiede Grenzen gesetzt. Es müsste viel geschehen, bis die Bereitschaft zum Umzug ein Ausmaß annimmt wie im vergleichbar großen Wirtschaftsraum der USA.

Dort wechselten in den späten 1990er Jahren jedes Jahr rund 17 Prozent der Arbeitnehmer ihren Wohnort, um anderswo einen neuen Job anzutreten. Momentan geht der Trend zurück, weil viele Amerikaner wegen der Immobilienkrise ihre Eigenheime nur schwer verkaufen können. Bis sich in der Eurozone eine ähnliche Beweglichkeit – oder Wurzellosigkeit – durchsetzt, wird in den Krisenregionen die Arbeitslosigkeit mindestens so schnell wachsen wie die Berufsmobilität. Derzeit liegt die Arbeitslosenquote in Griechenland bei 27,2 Prozent, in Spanien bei 26,7 und in Portugal bei 17,5 Prozent – mit den entsprechenden Belastungen für die dortigen Systeme der sozialen Sicherung.[74] Gerade unter Jugendlichen hat die Arbeitslosigkeit katastrophale Ausmaße angenommen. In Griechenland erreichte sie im März 2013 fast 60 Prozent, in Spanien lag sie bei 55, in Italien und Portugal bei 38 Prozent. Selbst in Frankreich waren mehr als ein Viertel aller Jugendlichen dauerhaft ohne Job.[75]

---

73 Siehe etwa George Soros: The Tragedy of the European Union and How to Resolve it, in: New York Review of Books vom 7. September 2012.

74 Daten nach Eurostat, URL: http://de.statista.com/statistik/daten/studie/160142/umfrage/arbeitslosenquote-in-den-eu-laendern/ (29. Mai 2013).

75 Daten nach Eurostat, URL: http://de.statista.com/statistik/daten/studie/74795/umfrage/jugendarbeitslosigkeit-in-europa/ (29. Mai 2013).

Wenn innerhalb der Währungsunion auftretende wirtschaftliche Ungleichgewichte durch eine entsprechende Senkung der Realeinkommen nicht ausgeglichen werden können und wenn die Mobilität der Arbeitskräfte nicht ausreicht, bleibt als dritte Alternative der Kapitaltransfer. Innerhalb einzelner Nationalstaaten sind Ausgleichszahlungen selbstverständlich. Es gibt sie – in Form des Länderfinanzausgleichs, über die Bundesanstalt für Arbeit und durch die Renten- und Krankenversicherungssysteme – in der Bundesrepublik ebenso wie in den USA. Als man die Währungsunion schuf, wurden jedoch Transfers dieser Art explizit ausgeschlossen. Einen »Länderfinanzausgleich«, versicherte der damalige Bundesfinanzminister Theo Waigel 1991, »zwischen Staaten mit großer und denen mit geringer Wirtschafts- und Steuerkraft, zwischen dem Norden und dem Süden«, werde es in Europa nicht geben.[76] Waigel und andere Politiker fürchteten völlig zu Recht, dass solche Zahlungen die Solidarität innerhalb der Eurozone über Gebühr strapazieren würden.

Noch heute wehrt sich die Bundesregierung dagegen, den Übergang in eine Transferunion förmlich zu vollziehen. Dennoch nimmt der Druck unablässig zu, Ausgleichszahlungen in immer größerem Stile zuzustimmen: sei es über eine europäische Arbeitslosenversicherung, sei es über Konjunkturprogramme oder Wachstumspakete. Nur auf diese Weise, so lautet die Begründung, lasse sich der soziale Frieden in Europa bewahren. Nur so könne man zunehmendem Nationalismus und wachsender Europafeindschaft entgegenwirken.

---

76 Vgl. Presse- und Informationsamt der Bundesregierung (Hrsg.): Europa-Interview, Dezember 1991, S. 9.

Die Währungsunion ist damit zu jenem politischen Erpressungsmanöver geworden, vor dem ihre Kritiker in den 1990er Jahren gewarnt haben: Die deutsche Bereitschaft zu Kapitaltransfers wird zum unvermeidbaren Preis für den Zusammenhalt der Eurozone, die Sicherung des Binnenmarktes und das Überleben der europäischen Einigung erklärt.[77]

Das Erpressungspotential ist umso größer, als die vierte Alternative zu flexiblen Wechselkursen in der Einschränkung des Freihandels besteht. Die Bandbreite möglicher protektionistischer Maßnahmen reicht von freiwilligen Exportbeschränkungen oder restriktiven Vertriebspraktiken über Zölle und unberechenbare Produktgenehmigungen bis hin zu undurchsichtigen Lizenzbestimmungen. Nicht ganz zu Unrecht weisen die deutschen Unternehmen und auch unsere Politiker gegenwärtig immer wieder darauf hin, dass der deutsche Export von dem aus unserer Sicht unterbewerteten Euro profitiert. Tatsächlich haben Aufwertungen der D-Mark in der Vergangenheit die Konkurrenzfähigkeit der heimischen Industrie beeinträchtigt, den Standort Deutschland benachteiligt und im Ergebnis oft auch zu höherer Arbeitslosigkeit geführt. Die Kehrseite der Medaille darf man jedoch nicht vergessen. Die Aufwertungen der D-Mark waren in der Vergangenheit stets der Preis, den die deutsche Industrie für die Aufrechterhaltung des Freihandels gezahlt hat. Der Nachteil der Aufwertung wurde durch den mittel- und langfristig für unseren Wohlstand wichtigeren freien Zugang zu den Exportmärkten mehr als wettgemacht.

Die Größenordnungen, um die es geht, werden deutlich,

---

77 Vgl. Arnulf Baring in Zusammenarbeit mit Dominik Geppert: Scheitert Deutschland? Abschied von unseren Wunschwelten, Stuttgart 1997, S. 210.

wenn man sich daran erinnert, wie stark andere europäische Währungen in den letzten zwanzig Jahren vor Einführung des Euro (zwischen 1975 und 1995) gegenüber der D-Mark abgewertet haben: der Franc um 48 Prozent, die spanische Pesete um 72,6 Prozent, die italienische Lira um 78 Prozent und die griechische Drachme gar um 92,5 Prozent.[78] Wären die Wechselkurse unverändert geblieben, hätte es kaum freien Handel zwischen derart ungleichen Volkswirtschaften geben können, es sei denn, man wollte eine lange Rezession, dauerhaft hohe Arbeitslosenzahlen, eine noch gewaltigere Jugendarbeitslosigkeit und fortschreitende politische Radikalisierung in Kauf nehmen. Das bedeutet: Beides zusammen, den Verzicht auf jede Aufwertung und zugleich die Aufrechterhaltung des Freihandels, kann die deutsche Industrie auf Dauer zu politisch und sozial akzeptablen Kosten nicht haben.

Noch halten sich die Befürworter protektionistischer Maßnahmen bedeckt. Der französische Historiker und Sozialwissenschaftler Emmanuel Todd jedoch, der in der Vergangenheit immer wieder als Stichwortgeber für Debatten der französischen linken Mitte in Erscheinung getreten ist, hat in einem Interview mit dem »Spiegel« im vergangenen Jahr schon einmal angezeigt, wohin die Reise gehen könnte. Der Euroraum, so Todd, sei nur mit »einer gehörigen Dosis Protektionismus« zu retten. Höhere Zollmauern könnten Europa Schutz vor Billigimporten und vor einer Verlagerung von Arbeitsplätzen in Billiglohnländer außerhalb der EU bieten. Sie würden die Binnennachfrage stützen und als

---

78 Vgl. Sieghardt Rometsch: Die Euro-Rettung ist gefährlich, in: FAS vom 12. Mai 2013.

Folge die innereuropäische Solidarität stärken sowie aufkeimende Konflikte befrieden.[79]

Die Zwänge der Ökonomie, das dürfte deutlich geworden sein, stellen hohe Ansprüche an das Funktionieren eines Systems unveränderlicher Wechselkurse zwischen Währungen unterschiedlicher Volkswirtschaften, wie es in der Eurozone etabliert worden ist. Deswegen ist die lange Geschichte derartiger Systeme auch eine Geschichte des Scheiterns. Im Weltwährungssystem von Bretton Woods, das um den Dollar kreiste und durch feste Wechselkurse gekennzeichnet war, wurden zwischen 1944 und 1973 Wechselkursanpassungen immer wieder notwendig. Nichts anderes geschah in der auf Westeuropa beschränkten sogenannten Währungsschlange Anfang der 1970er Jahre. Im Europäischen Währungssystem wurden die Paritäten zwischen 1979 und 1998 insgesamt sogar siebzehnmal angepasst.

Derartige Wechselkursänderungen sind nicht verwunderlich. Schließlich spiegelt die Währungspolitik eines Landes dessen gesamte Wirtschafts- und Finanzkultur wider. Es ist weltfremd zu glauben, dass Länder, die sich über Jahrzehnte mit Blick auf ihre Produktivität, ihre Staatsquote und Fiskaldisziplin, die Deregulierung, die eingegangenen Pensionsverpflichtungen, den Ausbau ihrer Infrastruktur, die Ausbildung der Bevölkerung und in vieler anderer Hinsicht wesentlich voneinander unterscheiden, nicht auch in ihrer Konkurrenzfähigkeit stark und dauerhaft voneinander abweichen.

Nimmt man den geschichtlichen Vergleich zum Maßstab, fällt die Antwort auf die Frage nach der Zukunftsfähigkeit des Euro eindeutig aus. Eine Währungsvereinheitli-

---

79 Der Spiegel 20/2012, S. 92–95, hier S. 93.

chung war in aller Regel nur dann erfolgreich, wenn zuvor die staatliche Einigung gelungen war. Das galt nicht nur für Italien und die Schweiz, sondern auch für Deutschland. Das Deutsche Reich von 1871 besaß bereits Gestalt und Eigenschaften eines Bundesstaates, als es schließlich nach einem längeren Prozess, der sich von 1871 bis 1909 hinzog, auch über eine einheitliche Währung verfügte. Erst 1876, also fünf Jahre nach der Verwirklichung der politischen Einigung, erhielt das Reich eine gemeinsame Zentralbank. Und erst 38 Jahre nach der Reichsgründung, im Jahr 1909, gab es eine einheitliche Währung, die Reichsmark. Bis zu diesem Zeitpunkt zirkulierten mehrere Währungen innerhalb des Reichsgebietes parallel nebeneinander. Die staatliche Einigung war der Währungsunion vorausgegangen. Diese Entwicklung entsprach der Krönungstheorie, nach der die gemeinsame Währung als Krone der verfassungsmäßigen Errichtung eines Staatsgebildes aufgesetzt wurde.

Als Gegenbeispiel wird manchmal auf die Vereinigten Staaten verwiesen. Dort hatte Alexander Hamilton als *Treasury Secretary* 1790 die Schulden der Bundesstaaten, die im Unabhängigkeitskrieg gegen England aufgelaufen waren, föderalisiert. Er gab Staatsanleihen der Union aus, deckte sie durch direkte Steuern und schuf mit dem Dollar auch eine nationale Währung.[80] Auf dieser Grundlage, so lautet das Argument, sei aus der ziemlich versprengten Ansammlung ehemaliger Kolonien eine starke Republik und die mächtigste Volkswirtschaft der Welt geworden.

---

80 Der Gedanke wird beispielsweise in der Nobelpreisrede des amerikanischen Ökonomen Thomas J. Sargent vom 8. Dezember 2011 erwähnt; http://www.nobelprize.org/nobel_prizes/economics/laureates/2011/sargent-lecture.html; vgl. auch Economist vom 11. Februar 2012, S. 30.

Man kann die Geschichte der amerikanischen Wirt-
schafts- und Währungspolitik im 19. und frühen 20. Jahrhundert aber auch anders deuten. Eine einheitliche Währungspolitik kam dort noch über hundert Jahre nach Ha-
miltons Tod nicht zustande. Das Statut der ersten Zentralbank lief 1811 aus und wurde nicht verlängert. Ein zweiter
Anlauf scheiterte 1836 am damaligen Präsidenten Andrew
Jackson. Durch das gesamte 19. Jahrhundert hindurch gab
es in den USA kein einheitliches Münzsystem. Verschiedene
Versuche, eine nationale Währung auf Gold- oder Silberba-
sis zu schaffen, führten zu nichts, solange die regionalen
Zentralbanken die Hoheit über eigene Währungen besaßen.
Erst 1913 wurde das Federal Reserve Board, die sogenannte
Fed, gegründet.

Auch die Föderalisierung der Staatsschulden war alles
andere als eine Erfolgsgeschichte. Sie verleitete zahlreiche
Bundesstaaten zur Aufnahme unmäßig hoher Kredite, um
Straßen, Kanäle und später auch Eisenbahnlinien zu bauen.
Einigen von ihnen drohte Ende der 1830er Jahre sogar der
Bankrott. Der förmliche Ruin wurde für ein paar Jahre
durch Hilfen des Bundes abgewendet, aber die Geduld der
Zentrale war bald erschöpft. 1841 gingen Florida, Missis-
sippi, Arkansas und Indiana in Konkurs. Ein Jahr später
folgten Illinois, Maryland, Michigan, Pennsylvania und
Louisiana. Die Staaten Alabama, New York und Ohio ent-
gingen nur knapp demselben Schicksal.[81] Die Fiskalunion,
so hat der in Princeton lehrende Wirtschaftshistoriker Harold James es formuliert, erwies sich für die Union eher als

---

81 Vgl. Jonathan Rodden: Hamilton's Paradox. The Promise and Peril of Fis-
    cal Federalism. New York 2006; Sinn: Target-Falle, S. 352–354.

Dynamit denn als Zement – bis hin zum Bürgerkrieg von 1861 bis 1865, den man nicht zuletzt auch als Konflikt über die Rechte der Einzelstaaten und die Verteilung finanzieller Lasten interpretieren kann.[82]

Zu den einschlägigen historischen Parallelen gehören auch all diejenigen Fälle, in denen eine Währungsgemeinschaft das Auseinanderbrechen größerer politischer Zusammenschlüsse nicht überstand. Das gilt etwa für die österreichisch-ungarische Währungsunion nach dem Ausgleich von 1867, die fünfzig Jahre später nach der Niederlage des Habsburgerreiches im Ersten Weltkrieg auseinanderbrach. Ähnlich erging es den Währungsgemeinschaften der Sowjetunion und Jugoslawiens in den 1990er Jahren. In beiden Fällen war die Auflösung mit einer Hyperinflation verbunden, weil die innenpolitisch schwachen Nachfolger der zerfallenden Vielvölkerstaaten sich rasch auf leichte Weise Einkünfte verschafften, indem sie die Druckerpresse anwarfen. Als die Tschechoslowakei zu Beginn des Jahres 1992 politisch zerbrach, hielt die Währungsunion zwischen den unabhängig gewordenen Ländern Tschechien und Slowakei nur noch sechs Wochen.

Ebenfalls gescheitert sind Versuche, eine Währungsunion entgegen der Krönungstheorie ohne vorherige staatliche Einigung dauerhaft durchzuhalten. Das galt nicht nur für die preußisch-österreichischen Bemühungen der 1850er und 1860er Jahre, sondern auch für die verschiedenen skandinavischen Münzunionen. Als historischer Präzedenz-

---

82 Harold James: Lessons for the Euro from History. Vortrag vom 19. April 2012; http://www.princeton.edu/jrc/events_archive/repository/inaugural-conference/Harold_James.pdf.

fall für den Euro noch relevanter ist die Lateinische Münzunion, zu der sich 1865 Frankreich, Belgien, die Schweiz, Italien und der Kirchenstaat, drei Jahre später auch Griechenland zusammenschlossen. Zwar gab es anders als im Euroraum keine gemeinsame Zentralbank, dennoch lassen sich wichtige Strukturähnlichkeiten mit dem heutigen europäischen Währungssystem erkennen. So lag dem Zusammenschluss damals wie heute eine politische Motivation zugrunde. Sie war in den 1860er Jahren aus französischer Perspektive nur ein erster Schritt hin zu einem höheren Ziel. In der politischen Vision ihres Vordenkers, des französischen Ökonomen und Politikers Felix Parieu, sollte der Lateinischen Münzunion letztlich eine »europäische Union« mit einer »europäischen Kommission« und einem »europäischen Parlament« folgen.[83]

Frankreich verfolgte damit neben währungs- und handelspolitischen Zielen auch dezidiert machtpolitische Interessen. Ein größerer Währungsraum sollte durch feste Wechselrelationen Verbesserungen im Währungsverkehr und im Handel zwischen den beteiligten Staaten bringen. Die kleineren Länder erhofften sich von der Teilnahme am französisch dominierten westeuropäischen Währungsraum wirtschaftliche Vorteile. Napoleon III. hingegen wollte die Münzunion als Instrument für die Gewinnung der französischen »Hegemonie über Kontinentaleuropa« nutzen. Frankreichs machtpolitisches Interesse bestand darin, durch die Münzunion »die Maßstäbe französischer Währungspolitik [...] in die ›zivilisierte Welt‹« zu exportieren

---

83 Vgl. Niall Ferguson: Politik ohne Macht. Das fatale Vertrauen in die Wirtschaft. Stuttgart, München 2001, S 318.

und mithilfe eines französischen »Weltgelds« währungspolitische Hegemonie zu erlangen.[84]

Auch wenn die Münzunion für einige Zeit formal funktionierte, kam es während der 1880er und 1890er Jahre in dem volkswirtschaftlich höchst ungleichgewichtigen Währungsverbund zu Währungs- und Handelskrisen. Nationales Interesse, das wurde schnell deutlich, rangierte im Krisenfall über den Unionsregelungen. Haushaltsdefizite hatten in Italien und Griechenland Maßnahmen zur Folge, die zwar nicht gegen den Buchstaben, aber doch gegen den Geist des Vertrages verstießen.

Die italienische Regierung ging dazu über, zur Tilgung ihrer Haushaltslöcher eine weitgehend nicht konvertierbare Papierwährung herauszugeben. Griechenland, das ungedeckte Papier-Drachmen druckte und gleichzeitig Gold- und Silbermünzen aus anderen Unionsländern einzog, konnte seinen Staatsbankrott auch durch derartige Tricks nicht lange verbergen. 1908 schloss man das Land deswegen aus dem Währungsverbund aus. Schließlich wurde der Lateinischen Münzunion nach langem Siechtum Mitte der 1920er Jahre der Totenschein ausgestellt. Dass der Vertrag trotz der fast permanenten außen- und handelspolitischen Konflikte zunächst immer wieder verlängert worden war, bevor die Union 1926 endgültig zerbrach, lag in erster Linie daran, dass die Kosten der Auflösung der Währungsunion gerade für die Regierungen in Paris und Rom exorbitant hoch waren.

---

84 Siehe hierzu und zum Folgenden Guido Thiemeyer: Internationalismus und Diplomatie. Währungspolitische Kooperation im Europäischen Staatensystem 1865 bis 1900. München 2009, S. 37, 55, 224–225.

Die Geschichte der Lateinischen Münzunion enthält für unsere Gegenwart eine vierfache Lehre. Erstens verdeutlicht sie, dass durch eine Währungsunion keineswegs automatisch alle Machtfragen bedeutungslos werden. Sie kann vielmehr, wie im Falle Frankreichs im späten 19. Jahrhundert, bewusst als Mittel des Hegemonialstrebens eingesetzt werden. Zweitens deutet das Schicksal der Münzunion an, wie schwierig es für die beteiligten Länder ist, aus einer Währungsgemeinschaft, die keine Ausstiegsklausel kennt, wieder herauszukommen. Drittens zeigt es aber auch, dass Währungsunionen aus souveränen Mitgliedstaaten fragile Gebilde mit begrenzter Lebensdauer sind. Weil das nationale Interesse in aller Regel vor den Anforderungen des Währungsverbundes rangiert, gibt es immer wieder Situationen, in denen einzelne Mitglieder aus Eigeninteresse gegen die Regeln verstoßen – seien sie, wie im Falle der Lateinischen Münzunion, ungeschrieben oder gar, wie jetzt im Falle der Europäischen Währungsunion, vertraglich fixiert. Viertens legt die Geschichte nahe, dass es nicht die wirtschaftlich schwachen, sondern die starken Länder sind, die dem Verbund schließlich ein Ende bereiten. Jedenfalls gingen im Falle der Lateinischen Münzunion die Fliehkräfte eher von Belgien und der Schweiz als von Italien, Frankreich oder Griechenland aus.[85]

---

85 Siehe Stefan Homburg: Ein Nord-Euro wäre ähnlich labil wie der Euro, in: NZZ vom 23. Mai 2013.

5.
Die Aushebelung von Rechtsstaat und Demokratie

Die gegenwärtige Krise der Europäischen Union ist nicht nur durch eine neue Feindseligkeit und wachsendes Misstrauen in den Beziehungen der europäischen Staaten untereinander geprägt. Auch die gravierenden ökonomischen Verwerfungen, die sie verursacht hat, sind, so schlimm sie auch sein mögen, nicht ihre verheerendste Konsequenz. Die fatalsten Folgen hat die Krise für Demokratie und Rechtsstaatlichkeit in Europa. Damit erreicht sie die Tiefenschichten des gesellschaftlichen Zusammenlebens und erschüttert das Fundament von Frieden und Freiheit. Rechtsstaatlichkeit und Demokratie, die nach dem Zweiten Weltkrieg auch durch die europäische Einigung gewahrt und gefestigt werden sollten, sind ernsthaft bedroht – nicht trotz, sondern wegen der Art und Weise, wie die europäischen Institutionen mittlerweile funktionieren.

Dabei war es gerade das Ziel von Europäern der ersten Stunde wie Walter Hallstein, eine Rechtsgemeinschaft zwischen den Mitgliedstaaten zu verwirklichen. Die Verträge sollten eine neue Ordnung formen, die ausschließlich durch das Recht gestaltet und beherrscht wird. Gerade in Deutschland glaubte man, auf diesem Wege schon weit vorangekommen zu sein. Die europäische Gemeinschaft, schrieb der ehemalige Richter am Europäischen Gerichtshof und spätere Präsident des Bundesgerichtshofs, Günter Hirsch, Ende der 1990er Jahre, beziehe ihre Legitimation, ihren politischen Rang und ihren Zukunftsanspruch aus ihrer Eigenschaft als Rechtsgemeinschaft, ja sie existiere eigentlich nur als eine solche. Das Recht sei gleichsam der Stoff, aus dem die Gemeinschaft geschaffen wurde, und zugleich der Stoff, den sie selbst schaffe: »Keine Europäische Integration ohne Rechtsge-meinschaft.«[86] Die Europäische Union, hat Bundespräsident Joachim Gauck gesagt, werde von der Idee getragen, »dass Regeln eingehalten und Regelbrüche geahndet werden«.[87]

Diese Sichtweise hat sich in der gegenwärtigen Krise als Illusion herausgestellt. Der Haftungsausschluss, das sogenannte Bail-out-Verbot, das im Artikel 125 Absatz 1 des Vertrages über die Arbeitsweise der Europäischen Union festgeschrieben war, ist umgangen und die vertraglich fixierten Aufgaben der Europäischen Zentralbank sind bis zur Unkenntlichkeit verzerrt worden. Immer wieder sind die europäischen Verträge, die in Ermangelung einer förmlichen Verfassung den konstitutionellen Rahmen der EU bilden, verbogen oder gebrochen worden, ohne dass der Europäische Gerichtshof, die Kommission oder das Europäische Parlament empört protestiert hätten.

Diese Entwicklung ist fatal, weil sie die Grundlagen des europäischen Einigungsgedankens untergräbt. Schließlich

---

86 Günter Hirsch: Kompetenzverteilung zwischen EuGH und nationaler Gerichtsbarkeit, in: Neue Zeitschrift für Verwaltungsrecht 1998, S. 907–910, S. 909.
87 Zitiert nach FAZ vom 23. Februar 2013.

beruht der Gedanke, das zerstörerische Potential autonomer Nationalstaaten einzudämmen, darauf, zwischenstaatliche Konflikte anders als in der Vergangenheit nicht mehr machtstaatlich ungebremst mit militärischen Mitteln oder durch diplomatische Manöver auszutragen, sondern konsultativ auf der Basis des Gemeinschaftsrechts und völkerrechtlicher Verträge zu regeln. Je stärker die Einhaltung oder Nichteinhaltung bestehender Verträge aber in das politische Ermessen der Regierungen gestellt ist, umso mehr fällt Europa hinter den bereits einmal erreichten Stand regulierter Konfliktlösung in eine Zeit zurück, in der Macht mehr zählte als Recht. Ohne Recht, so hat der ehemalige Bundesverfassungsrichter Paul Kirchhof bemerkt, gebe es keinen Frieden: »Wir würden zum Faustrecht, zum Kampf aller gegen alle zurückkehren. Ohne Recht als Voraussetzung für jede Hoheitsausübung gibt es keinen modernen Verfassungsstaat, keine Europäische Union.«[88]

Eine wichtige Ursache für die erst schleichende und inzwischen galoppierende Unterminierung der rechtlichen Fundamente des Euroraums liegt im unterschiedlichen Rechtsverständnis und in den verschiedenartigen Auffassungen vom Stellenwert des Rechts, die in den Staaten der EU vorherrschen. In manchen Ländern hat die Herrschaft des Rechts eine uralte, ungebrochene Tradition. Anderswo, gerade auch bei uns in Deutschland, wurde sie durch Diktatur und Gewaltherrschaft unterbrochen. In wieder anderen Ländern entwickeln sich gegenwärtig zum ersten Mal überhaupt moderne rechtsstaatliche Strukturen. In Großbritannien bildet die *rule of law* zusammen mit der Parlaments-

---

88 Paul Kirchhof: Verfassungsnot!, in: FAZ vom 12. Juli 2012, S. 25.

herrschaft seit Jahrhunderten das Fundament von Staat und Gesellschaft, während die demokratischen Erweiterungen des Wahlrechts jüngeren Datums sind. Auch in Deutschland ist der Rechtsstaat älter als die Demokratie und entsprechend tief im nationalen Selbstverständnis verwurzelt.

In anderen Ländern hingegen, etwa in Italien, gibt es eine stärker ausgeprägte Überzeugung von der politischen Aufgabe der Justiz. Auch in Frankreich zieht sich die Vorstellung vom Vorrang der Politik und vom instrumentellen Charakter des Rechts von den Anfängen des bürokratischen Staates im absolutistischen Zeitalter bis in die Gegenwart der Fünften Republik. Rechtsstaatlichkeit, bemerkte Markus C. Kerber, so wie sie in angelsächsischen Ländern oder in Deutschland und Skandinavien praktiziert werde, wäre in Frankreich ein radikaler Bruch mit tradierten Gewohnheiten und liebgewordenen Mentalitäten. Kerber ist Absolvent der französischen Elitehochschule *Ecole Nationale d'Administration* und kennt sich im deutschen wie im französischen Recht aus. In Frankreich, so seine Einschätzung, lasse sich alles arrangieren: »gegen, mit oder außerhalb des Rechts«.[89]

Die unterschiedlichen Rechtstraditionen haben in der Geschichte der EU seit jeher für Spannungen gesorgt. Britische Regierungen haben immer wieder darüber geklagt, dass in ihrem Land Gesetze und Verordnungen, die aus Brüssel kommen, in aller Regel auch dann gewissenhaft in nationales Recht umgesetzt werden, wenn es massive Zweifel an deren Sinn und Zweck gebe; umgekehrt würden dieselben Bestimmungen etwa in Griechenland und vielen ro-

---

89 Markus C. Kerber: Europa ohne Frankreich? Deutsche Anmerkungen zur französischen Frage. Frankfurt am Main 2006, S. 41.

manischen Ländern, auch in Frankreich, zwar rhetorisch teilweise begeistert begrüßt, in der Praxis aber missachtet oder umgangen. Helmut Kohl beklagte im CDU-Bundesvorstand einmal nur halb im Scherz: »Die Italiener ersinnen die Normen, die Franzosen formulieren sie, und die Deutschen halten sie ein«, das habe »ja auch Charme«.[90]

Ähnliches galt für die Einhaltung der Kriterien des Maastricht-Vertrages und der Zusatzbestimmungen des Stabilitäts- und Wachstumspaktes. Die Deutschen sahen darin die alles entscheidende Grundlage der gemeinsamen Währung. Ohne die vertragliche Vereinbarung rechtlich verbindlicher Sicherungen wäre die Bundesrepublik der Währungsunion nicht beigetreten. Andere Länder, das wird im Rückblick immer deutlicher, erblickten in den Kriterien eher eine deutsche Marotte, der man irgendwie genügen musste, um Zutritt zum Club zu bekommen. Als langfristig verbindliche Auflagen für die eigene Politik wurden diese Regelungen jedoch nicht akzeptiert.

Um das Kriterium eines Haushaltsdefizits von weniger als drei Prozent zu erfüllen und damit Eingang in den Euro zu erlangen, schuf zum Beispiel die italienische Regierung 1997 eine einmalige »Europasteuer« und verkaufte zugleich nationale Goldreserven an die eigene Zentralbank, um auf die Gewinne Steuern erheben zu können. Eine strukturelle Reform des Haushalts, wie sie der Maastricht-Vertrag vorsah, gab es nicht, sondern nur eine Reihe kosmetischer Operationen, die auf die Wirkung am Stichtag der Euro-Einführung hin berechnet waren. Schon im Jahr darauf ließen die

90 Helmut Kohl: Berichte zur Lage der Nation 1989–1998, bearbeitet von Günter Buchstab und Hans-Otto Kleinmann. Düsseldorf 2012, S. 647–648.

Bemühungen schlagartig nach. Die italienische Regierung, berichtete der Finanzattaché an der deutschen Botschaft in Rom nach Bonn, könne den Eindruck nicht vermeiden, dass es ihr »eher um eine Abkehr vom strengen Konsolidierungskurs der vergangenen Jahre« gehe als darum, alles zu tun, »um die Zweifel an einer tragfähigen Lage der öffentlichen Finanzen Italiens auszuräumen«.[91]

Noch unverfrorener fälschte die griechische Regierung ihre Bilanzen, um der Gemeinschaftswährung beitreten zu können. Dass die rot-grüne Regierung in Deutschland fast zeitgleich selbst gegen die Maastrichter Stabilitätskriterien verstieß, indem sie das Haushaltsdefizit 2002 über die erlaubte Grenze von drei Prozent des Bruttoinlandsprodukts steigen ließ, war gerade vor diesem Hintergrund ein fataler Fehler. Seither konnte keine Bundesregierung mehr guten Gewissens Regelverstöße anderer Staaten anprangern, zumal Kanzler Schröder im Zusammenspiel mit Präsident Chirac dafür gesorgt hatte, dass sogar die fällige – und ohnehin folgenlose – Rüge aus Brüssel ausblieb. Dem Stabilitäts- und Wachstumspakt waren damit die letzten Zähne gezogen.

Trotz der langen Vorgeschichte von Umgehungen und Verdrehungen europäischer Verträge erreichte die Aushebelung des Rechts mit dem Bruch des Bail-out-Verbotes im Mai 2010 eine neue Qualität. Erstmals wurde nicht einmal mehr der Anschein des Rechts gewahrt. Die spitzfindige Behauptung, ein striktes Verbot habe es nie gegeben, »freiwillige« Hilfe sei ausdrücklich erlaubt, wie sie beispielsweise von der EU-Justizkommissarin Viviane Reding vorgebracht

---

91 Zitiert nach Der Spiegel 19/2012, S. 26.

worden ist, hat deutsche Verfassungsrechtler verblüfft.[92] Dichter bei der Wahrheit war die Bemerkung der damaligen französischen Finanzministerin Christine Lagarde, man habe den Maastricht-Vertrag gebrochen, um Europa zu retten. »Wir verletzten alle Rechtsvorschriften«, so Lagarde, »weil wir einig auftreten und wirklich die Eurozone retten wollten.«[93]

Mit der Wendung zur Maxime, Not kenne kein Gebot, das europäische Projekt sei wichtiger als die Geltung des Rechts, haben sich die europäischen Politiker dem überantwortet, was der Bonner Staatsrechtler Christian Hillgruber mit Carl Schmitt »die Logik des Ausnahmezustandes« genannt hat.[94] In Frankreich und anderswo wird Kritik an diesem Verhalten als typisch deutscher Legalismus abgetan. Dort hält man den »Primat des Juridischen über das Politische, der die Buchstaben von Verträgen über die Bewältigung von Krisen stellt«,[95] für ein schädliches deutsches Dogma. Führende Rechtsgelehrte, Politikwissenschaftler und Publizisten in der Bundesrepublik haben sich hingegen äußerst bestürzt gezeigt. Eine Instabilität des Rechts, argumentierte Paul Kirchhof, wiege schwerer als eine Instabilität der Finanzen, denn auch in finanziell unstabilen Verhältnissen könne Rechtssicherheit herrschen. Umgekehrt jedoch sei Finanzstabilität ohne Rechtsstabilität undenkbar.[96]

---

92 Vgl. etwa Udo di Fabio in der FAZ vom 22. Juni 2012.
93 Zitiert in: Wall Street Journal vom 18. Dezember 2010; siehe sinngemäß auch SZ vom 23. Dezember 2010.
94 Christian Hillgruber: Die Logik des Ausnahmezustandes und die Vernunft des Rechts der Normallage (unveröff. Manuskript).
95 Luc Rosenzweig: Das Deutschland unserer Träume, in: FAZ vom 30. April 2013.
96 Paul Kirchhof: Verfassungsnot!, in: FAZ vom 12. Juli 2012.

Je mehr Geld im Spiel sei, urteilte der Publizist Heribert Prantl, ein promovierter Jurist, umso weniger gälten rechtliche Regeln. Die ganze Euro-Rettung basiere auf Entrechtlichung: Aus Europa werde »eine Art Notverordnungs-Demokratie«, in der jede Rettungsaktion ihr eigenes Recht schaffe.[97] Damit gibt es für den einzelnen Bürger in zentralen Fragen keinen effektiven Schutz gegen offenkundige Rechtsbrüche mehr. Als Agentur des Rechtsschutzes führt sich die EU in der Krise selbst *ad absurdum*. Auch der von den Gläubigerländern häufig zu hörende Hinweis auf die notwendige Solidarität innerhalb der Union kann nicht gegen das Recht in Stellung gebracht werden. So wenig es in einer Rechtsgemeinschaft ein Gemeinwohl ohne oder gegen das Recht geben könne, hat Christian Hillgruber bemerkt, so wenig könne Solidarität unter Hintanstellung des Rechts eingefordert werden. Solidarität verwirkliche sich nur in den Bahnen und Grenzen des Rechts; sie begründe »keine Verpflichtungen im Widerspruch zum Recht«.[98]

Zu den alarmierendsten Aspekten der europäischen Schuldenkrise gehört das achselzuckende Schweigen, mit dem die deutsche Politik über derartige Einwände hinweggegangen ist und die deutsche Rechtsstaatstradition hinter sich gelassen hat. Der frühere Ministerpräsident von Baden-Württemberg, Erwin Teufel, hat gefragt, wie man von den Bürgern Rechtstreue verlangen könne, wenn sich ihre Staats- und Regierungschefs selbst nicht an das Recht und an abge-

---

97 Heribert Prantl: Zypern-Hilfe. Geld oder Recht, in SZ vom 18. April 2013.
98 Christian Hillgruber: Die Logik des Ausnahmezustandes und die Vernunft des Rechts der Normallage (unveröff. Manuskript).

schlossene Verträge hielten.[99] Von den noch aktiven Politikern der ersten Reihe hat man vergleichbare Worte nicht vernommen. Stattdessen werden in Fernseh-Talkshows und anderswo prinzipielle Einwände dieser Art als professorale Weltfremdheit bespöttelt.

Mittlerweile erscheint jedoch eher die Annahme naiv, wiederholte Vertragsbrüche und Rechtsbeugungen würden folgenlos für das Rechtsvertrauen der Bürger und für die zwischenstaatlichen Beziehungen bleiben. Wenn die Einlagen der Sparer auf Zypern nicht vor dem Zugriff der Euro-Retter sicher sind, warum sollte dann im Ernstfall die Einlagensicherung Bestand haben, die Kanzlerin Merkel und ihr damaliger Finanzminister Steinbrück im Zuge der Lehman-Pleite für die deutschen Spareinlagen bis 100.000 Euro abgaben? Wenn der Maastricht-Vertrag einvernehmlich gebrochen und der Stabilitäts- und Wachstumspakt straflos ausgehebelt werden konnte, wieso sollte dann der nach ähnlichem Muster konstruierte europäische Fiskalpakt vom Dezember 2011 wirksamer sein? Schließlich steht er schon deswegen rechtlich auf schwächeren Füßen, weil ihm nicht alle EU-Staaten beigetreten sind.

»Vertrauen aufbauen«, hat Kanzlerin Merkel im März 2007 gesagt, als man in Berlin den 50. Jahrestag der Unterzeichnung der Römischen Verträge feierte, »braucht Jahrzehnte. Vertrauen enttäuschen geht über Nacht.«[100] Tatsächlich gehört der Verlust von Vertrauen zu den gefährlichsten langfristigen Folgen der gegenwärtigen Krise. Nicht nur das Vertrauen in die Geltung des Rechts und in die Un-

---

99 Erwin Teufel: Die Staatschefs brechen das Recht, in: FAS, 31. Juli 2010.
100 Zitiert nach Stefan Kornelius: Angela Merkel. Die Kanzlerin und ihre Welt. Hamburg 2013, S. 220.

verletzlichkeit von Verträgen ist erschüttert, auch das Zutrauen in die Verlässlichkeit der Politik hat Schaden genommen. Wenn es ernst werde, müsse man lügen, hat der langjährige luxemburgische Regierungschef Jean-Claude Juncker auf einer Brüsseler Abendveranstaltung im April 2011 einmal gesagt.[101] Bei den öffentlichen Stellungnahmen des deutschen Finanzministers Wolfgang Schäuble tut man mittlerweile ebenfalls gut daran, weniger auf das zu achten, was er sagt, als darauf, was er nicht sagt.

Der Kanzlerin selbst hängen die verschiedenen Kehrtwendungen an, die ihre Regierung im Verlauf der Krise vollführt hat: Erst wollte sie keine dauerhaften Rettungsschirme, dann war sie aber doch für den Europäischen Stabilitätsmechanismus (ESM). Zunächst wurde ein Schuldenschnitt für Griechenland eineinhalb Jahre lang ausgeschlossen, dann kam es Ende 2011 doch dazu. Im Sommer 2012 koppelte man jede zusätzliche Hilfe an einen Bericht der Troika aus EU, EZB und IWF, nur um dann im Herbst eben diesem Bericht vorzugreifen und dem Land unabhängig davon den Verbleib im Euroraum gleichsam zu garantieren. Bis zur Bundestagswahl 2013 wird jedes weitere Hilfspaket kategorisch verneint, aber hinter vorgehaltener Hand spricht man schon allenthalben davon, dass ein neuer Schuldenschnitt für Griechenland unmittelbar nach der Wahl unausweichlich kommt.[102]

Zusätzlichen Schaden nimmt das Politikvertrauen der Europäer dadurch, dass im Zuge der europäischen Krise die

---

101 Zitiert nach Spiegel online: http://www.spiegel.de/politik/deutschland/umstrittene-euro-politik-juncker-geraet-wegen-geheimtreffen-unter-beschuss-a-761509.html (17. Juli 2013).

102 Vgl. Nikolaus Blome: Angela Merkel – die Zauder-Künstlerin. München 2012, S. 58.

Volksvertretungen weitgehend entmachtet worden sind. Da die nationalen Parlamente immer noch die entscheidenden Orte demokratischer Kontrolle und Partizipation sind, ist die Legitimation der von den Regierungen dominierten Rettungspolitik stark beschädigt worden. Nun mag man einwenden, die Vorstellung einer europäischen »Expertokratie«, die politische Entscheidungen effizienter und rationaler trifft als die in vielfältige partikulare Interessen eingebundenen Parlamentarier auf der nationalen Ebene, sei beileibe keine neue Entwicklung. Tatsächlich waren die Gründungsgestalten der europäischen Einigung nach 1945 darum bemüht, jeden Anflug von Populismus zu vermeiden. Den direkten Appell ans Volk verabscheuten sie als Untugend von Kommunisten oder Faschisten und als wichtige Ursache für die europäische Malaise in der ersten Hälfte des 20. Jahrhunderts. Sie bevorzugten eine planvolle und leidenschaftslose, Schritt für Schritt vorgehende Sachorientierung, um auf dem Weg einer immer engeren Einheit des Kontinents voranzukommen und einen Rückfall in Krieg und Barbarei zu verhindern. Unter dem Einfluss von Präsident de Gaulle setzte sich in den 1960er Jahren eine stärker auf die nationalen Regierungen zugeschnittene Arbeitsweise gegen die weitergehenden Ansprüche idealistischer Föderalisten durch. Am demokratischen Defizit der supranationalen Institutionen in Straßburg und Brüssel änderte das wenig. Noch das Europa der 1980er Jahre, so hat Mitterrands Vertrauter Hubert Védrine es einmal formuliert, sei »ein reines Produkt einer modernen Form der aufgeklärten Despotie« gewesen.[103]

---

103 Hubert Védrine: Les Mondes de François Mitterrand. A l'Élysée, 1981–1995. Paris 1996, S. 298.

Eine Antwort auf die wachsenden Sorgen über die mangelnde Rechenschaftspflicht der europäischen Institutionen bestand darin, auf die Rolle der demokratisch legitimierten nationalen Regierungen zu verweisen, die maßgeblich die europäische Politik bestimmten und auch für die wichtigsten Personalentscheidungen verantwortlich waren.[104] Außerdem schien das demokratische Defizit so lange nicht allzu schwer zu wiegen, wie die segensreichen Auswirkungen des Einigungsprozesses spürbar waren. Wenn die Integration zu Wohlstand, Wirtschaftswachstum und der Schaffung von Arbeitsplätzen beitrug, lautete die Überlegung, würden die Europäer über gewisse demokratische Mängel hinwegsehen, weil das Ergebnis stimmte. Ein drittes Argument zielt darauf, dass es beim europäischen Einigungsprozess vor allem um die Regelung mehr oder weniger technokratischer Details wie Wettbewerbsregeln, Regulierungsfragen oder Handelsbestimmungen für den gemeinsamen Markt ging, die von den Wählern ohnehin wenig beachtet würden und daher gut auf dem Verwaltungswege zu lösen seien.

In der aktuellen Krise haben sich alle drei Rechtfertigungen erschöpft. In der vergrößerten Union – zumal unter den komplizierten Bedingungen des qualifizierten Mehrheitswahlrechts – haben nicht mehr alle nationalen Regierungen das Gefühl, in allen wichtigen Belangen entscheidend mitbestimmen zu können. Gerade kleinere Nationen werden unter diesen Bedingungen leicht marginalisiert. Außerdem sind EU-Staaten, auch wenn sie nicht der Währungsunion angehören, von Entscheidungen der Eurozone direkt be-

---

104 Vgl. hierzu und zum Folgenden The Economist vom 26. Mai 2012, S. 23–26.

troffen, ohne dabei zur Mitsprache berechtigt zu sein. Die Legitimation über Wohlstandswachstum und ökonomische Prosperität gerät in Zeiten einer schweren Wirtschaftskrise ohnehin ins Wanken. Das gilt gerade dann, wenn die negativen Auswirkungen in den verschiedenen Ländern unterschiedlich stark zu spüren sind. Die EU erscheint nicht mehr als finanzieller Wohltäter, sondern tritt in der Rolle des strengen Schulmeisters auf, der schlechte Noten verteilt, Strafen verhängt und manchmal sogar mit dem Rohrstock droht.

Vor allem aber geht es in Brüssel nicht mehr nur um Randbereiche des politischen Geschäfts. Mit der Haushaltshoheit ist erstmals das Königsrecht jedes Parlaments ernsthaft gefährdet. In Griechenland, Portugal, Irland und Zypern greifen heute Vertreter der Europäischen Kommission, der EZB und des IWF tief in die staatliche Budgetgestaltung ein. Damit stehen gegenwärtig schon 4 von 17 Mitgliedstaaten der Währungsunion teilweise unter europäischer Kuratel. Es scheint nur eine Frage der Zeit zu sein, wann weitere Staaten wie Spanien oder Slowenien folgen. Nicht nur in den Schuldenstaaten werden die Parlamente entmachtet. Auch die nationalen Abgeordneten in den Gläubigerstaaten wie Deutschland finden sich bei ihren Entscheidungen derart in die Enge getrieben, dass sie ihre demokratischen Rechte und (Prüf-)Pflichten kaum noch ausüben.[105]

Die Tendenz zum kritiklosen Durchwinken von Gesetzen mit enorm weitreichenden Konsequenzen ist teilweise durch die Komplexität der Materie bedingt, die kaum ein

---

105 Vgl. Heinrich Oberreuter: Substanzverluste des Parlamentarismus, in: Aus Politik und Zeitgeschichte 38–39 (2012), S. 25–31, bes. S. 28.

Abgeordneter noch wirklich durchdringen kann. Sie hängt auch mit dem vermeintlichen oder echten Zeitdruck zusammen, unter dem die Parlamentarier handeln müssen. Mittlerweile werden im Bundestagsplenum Summen abgenickt, die – wie im Falle des deutschen Anteils am Stammkapital des ESM – fast zwei Drittel des Bundeshaushalts betragen. Zum Teil ist die Selbstentmachtung der Volksvertretungen jedoch auch auf die Überzeugung der Abgeordneten zurückzuführen, es gebe zu der von den Regierungen vorgegebenen Politik keine Alternative und das Insistieren auf einem eigenen Standpunkt sei uneuropäisch oder unpatriotisch. Man wundert sich jedenfalls, mit welcher Selbstgewissheit wir heute das obrigkeitsstaatliche Regierungsvertrauen jener Reichstagsabgeordneten im Kaiserreich kritisieren, die sich über Jahre hin die Zustimmung zum Militäretat nehmen ließen oder weitgehend ungeprüft riesige Beträge für die Flottenrüstung bewilligten.

Die Entmachtung der nationalen Volksvertretungen wird nicht durch einen Einflussgewinn des Europäischen Parlaments kompensiert. Vielmehr gehört das Parlament in Straßburg zusammen mit der Kommission in Brüssel ebenfalls zu den Verlierern der jüngsten Entwicklungen. Völlig zu Recht beklagt Martin Schulz, der Präsident des EU-Parlaments, seit Ausbruch der Krise würden die Staats- und Regierungschefs die Gemeinschaftsinstitutionen an den Rand drängen, indem sie auf den Gipfeltreffen immer mehr Entscheidungen an sich zögen, »sogar solche, die die europäische Gesetzgebung betreffen«.[106]

---

106 Martin Schulz: Der gefesselte Riese. Europas letzte Chance. Berlin 2013, S. 35.

Tatsächlich hat das Europäische Parlament die Legitimitätslücke, die sich in der Krise aufgetan hat, nicht annähernd füllen können, obwohl es mit jedem EU-Vertrag der vergangenen Jahrzehnte seine Kompetenzen erweitert hat. Es ist gegenwärtig sogar eher ein Teil des Problems als seiner Lösung. Selbst Helmut Kohl, der sich als einer von wenigen Regierungschefs konsequent für einen größeren Einfluss des europäischen Parlaments eingesetzt hatte, sah dessen Rolle gegen Ende seiner Amtszeit immer kritischer. Es sei, so bemerkte er in einem Gespräch mit dem britischen Premierminister Tony Blair im März 1998, »an Grenzen seines Kompetenzzuwachses angekommen [...] weit weg von der Wählerschaft, damit der Basis«.[107]

Das Europäische Parlament – und darin liegt womöglich ein wichtiger Grund für dessen Sinnkrise – hat die Antwort auf fast alle Probleme bisher stets darin gesehen, »mehr Europa« und größere finanzielle Mittel auch für sich selbst zu verlangen. In der gegenwärtigen Schuldenkrise läuft diese Forderung der allgemeinen Entwicklung jedoch krass entgegen. Die europäischen Wähler zeigen sich von diesem Standpunkt wenig überzeugt. Jedenfalls geht die Beteiligung an Europawahlen kontinuierlich zurück. Lag sie 1979 bei der ersten Direktwahl noch deutlich über 60 Prozent, so sank sie bis zum Ende des 20. Jahrhunderts auf unter 50 Prozent ab. Bei den letzten Europawahlen rutschte sie sogar auf 43 Prozent.[108]

---

107 Zitiert nach Hans-Peter Schwarz: Helmut Kohl. Eine politische Biographie. München 2012, S. 816.
108 Economist vom 25. Mai 2012, S. 24 (Zahlen nach Europ. Parlament).

In der Europäischen Union, das machen diese Zahlen deutlich, hat sich fast 35 Jahre nach den ersten Direktwahlen zum Europäischen Parlament noch nicht einmal in Ansätzen ein europäisches Staatsvolk herausgebildet. Es gibt bisher in Europa weder eine Sprachunion noch eine Geschichtsgemeinschaft. Kaum jemand käme auf die Idee, bei Olympischen Spielen europäische statt deutsche, französische oder italienische Medaillen zu zählen. Es gibt keine europaübergreifenden Debatten, Talkshows oder Ähnliches. Die entscheidenden politischen Diskurse finden immer noch im nationalen Rahmen statt.

Das muss nicht so bleiben. Nationen sind genauso wenig gottgegeben wie die europäische Integration. Nationalstaatliche Lösungen sind supranationalen auch keineswegs inhärent überlegen. Aber wer in den gegenseitigen Schuldzuweisungen und nationalistischen Beschimpfungen, die gegenwärtig das Klima prägen, Anfänge einer europäischen Öffentlichkeit erblickt, muss doch schon eine ausgeprägte Frohnatur oder ein Zweckoptimist sein. Es fehlt an einer europäischen Identität, und es kann deswegen auch nicht verwundern, dass die Solidarität zwischen den europäischen Völkern begrenzt ist. Selbst im historisch über einen viel längeren Zeitraum gewachsenen deutschen Föderalismus stößt die Solidarität an ihr Limit, wie bei der Klage Bayerns und Hessens gegen den Länderfinanzausgleich deutlich wird.

Diese Entwicklung ist kein Zufall und auch nicht die Folge böser Absichten. Sie ist die Konsequenz dessen, was Martin Höpner und Armin Schäfer vom Kölner Max-Planck-Institut für Gesellschaftsforschung zusammen mit dem Marburger Politikwissenschaftler Hubert Zimmermann als

»Trilemma der europäischen Integration« beschrieben haben: Die drei Ziele der Einigung – Erweiterung, Vertiefung und Demokratie – lassen sich nicht harmonisch miteinander verbinden. Bisher, so ihre Analyse, war der Prozess von gleichzeitiger Vertiefung und Erweiterung der EU geprägt. Die Demokratie blieb auf der Strecke: In den Einzelstaaten werde sie durch den – gerade auch von der Schuldenkrise forcierten – Zwang zu vertiefter Integration untergraben; auf der europäischen Ebene seien ihr durch die Größe und Heterogenität der Union enge Grenzen gesetzt.[109]

Dazu passt, dass die einzige Institution außer dem Rat der Staats- und Regierungschefs, die in der Krise einen Macht- und Bedeutungszuwachs erfahren hat, die EZB ist. Fatalerweise hat sie dabei jedoch ihren ursprünglichen, allein auf die Sicherung der Geldwertstabilität ausgerichteten Charakter verloren. Nur durch diese unpolitische Rolle war zu rechtfertigen, dass die europäischen Zentralbanker – nach dem Modell der Bundesbank – weitestgehend politischer Kontrolle entzogen waren. In dem Maße jedoch, in dem die EZB ihr unpolitisches, technisches Wesen verlor, wurde die fehlende demokratische Legitimation und Kontrolle zum Problem.

Die Mitglieder des EZB-Rats, auch diejenigen des ESM-Vorstands, werden nicht gewählt, sondern von den Regierungen nominiert. Sie sind keinem Parlament Rechenschaft schuldig. Der ESM-Vertrag enthält sogar detaillierte Immunitätsregeln, um die Kontrollrechte der Volksvertreter gegenüber den im Gouverneursrat versammelten Finanzminis-

---

109 Martin Höpner, Armin Schäfer, Hubert Zimmermann: Das Trilemma der europäischen Integration, in: FAZ vom 27. April 2012.

tern auszuhebeln. Außerdem haben im EZB-Rat etwa Zypern, Malta und Luxemburg genauso viele Stimmen wie Deutschland, das mit einer Bevölkerung von 80 Millionen und einem Kapitalanteil von 27 Prozent im Rat der Europäischen Zentralbank dasselbe Stimmengewicht hat wie Länder mit 400.000 Einwohnern und 0,09 Prozent Kapitalanteil. Auf diese Weise können Mehrheitsentscheidungen von Ländern getroffen werden, deren Bevölkerung nur etwas mehr als ein Sechstel der Eurozonen-Bevölkerung umfasst und die nur wenig mehr als 2,5 Prozent zum Kapital der EZB beitragen.

Die Maßnahmen zur Rettung des Euro, an dieser Erkenntnis führt nach mehr als drei Jahren hektischer Flickschusterei kein Weg vorbei, drohen die Errungenschaften von über dreihundert Jahren westlicher Demokratiegeschichte und Rechtsstaatstradition zu untergraben. Sie bringen die Budgethoheit der nationalen Parlamente zum Verschwinden. Und sie gefährden die Prinzipien von *no taxation without representation* und *one man one vote*. Der alte Grundsatz, dass Verträge einzuhalten sind, gilt im Euroraum nicht mehr uneingeschränkt. Die Achtung des Rechts scheint ins Belieben der Regierungen gestellt. Im Namen Europas suspendieren unsere Politiker die Demokratie und hebeln den Rechtsstaat aus. Doch Frieden, Sicherheit und Wohlstand als die ursprünglichen Antriebe der europäischen Integration können nur in einem gesetzlichen Zustand der Rechtsgemeinschaft und Demokratie fortbestehen.

6.
Die Schwächung Europas
in der Welt

Neben dem Ruf »Nie wieder Krieg!« war keine Triebkraft der europäischen Integration wichtiger als das Bestreben der Europäer, sich gemeinsam in der Welt zu behaupten. Zusammen wollten die europäischen Staaten weiter jene Rolle als globale Macht spielen, die sie einzeln, jeder für sich, nicht mehr ausfüllen konnten. Politisch ging es darum, sich als eigenständige diplomatische und geostrategische Kraft zu etablieren: zunächst gegen die beiden Supermächte des Kalten Krieges, nach 1990 in einer von den USA geprägten, scheinbar unilateralen Weltordnung, in jüngster Zeit auch gegen den machtpolitischen Aufstieg Chinas. Wirtschaftlich stand anfangs vor allem das Ziel im Vordergrund, durch den Zusammenschluss der nationalen Volkswirtschaften ein Gegengewicht gegen die Vereinigten Staaten zu schaffen und im 21. Jahrhundert auch gegen aufstrebende Schwellenländer wie China oder Indien bestehen zu können. Handelspolitisch diente hierzu ein gemeinsamer europäischer Markt. Währungspolitisch sollte der Euro diese Funktion erfüllen.

Verlierern des Zweiten Weltkriegs wie Deutschland oder Italien fiel die Umorientierung leichter als Frankreich oder

Großbritannien, die sich nach 1945 zunächst weiter als Großmächte eigenen Rechts fühlten. Sie taten sich schwerer, die eigenen Wünsche nach Weltgeltung auf Europa zu projizieren. Der Umschwung für Paris und London kam erst mit der Suez-Krise von 1956, als US-Präsident Eisenhower den alten Kolonialmächten schonungslos deutlich machte, wie klein ihr weltpolitischer Handlungsspielraum geworden war. Die einzelnen europäischen Staaten, sagte Adenauer damals zum französischen Ministerpräsidenten Guy Mollet, würden nie wieder führende Weltmächte sein. Der einzige Weg, auch künftig eine entscheidende Rolle in der Welt zu spielen, führe über die Vereinigung Europas. »Europa«, so Adenauer, »wird Ihre Rache sein.«[110]

Die Strategie der Weltgeltung durch europäische Einigung stößt in der gegenwärtigen Krise so deutlich wie selten zuvor an ihre Grenzen. Statt Europa zu einigen und die Europäische Union zu stärken, hat die Währungsunion Europa gespalten und die Europäische Union entkräftet. Wer erwartet hatte, der Euro könne sich in Konkurrenz zum Dollar als eine neue Reservewährung mit globaler Ausstrahlung etablieren, sieht sich enttäuscht. Auch wer annahm, der währungspolitische Zusammenschluss werde gleichsam zwangsläufig europäische Einigkeit in der Außenpolitik nach sich ziehen, hat sich geirrt. Die gemeinsame Außen- und Sicherheitspolitik kommt mit dem Euro genauso mühselig voran wie ohne. Zudem hat die Einführung einer gemeinsamen Währung dafür gesorgt, dass die EU derzeit in eine Eurozone und eine Nicht-Eurozone auf-

---

110 So berichtet der damalige französische Außenminister Pineau, siehe Christian Pineau: 1956 Suez. Paris 1976, S. 191.

gespalten ist und dass sich darüber hinaus innerhalb des Euroraumes ein Schuldner- und ein Gläubigerlager zunehmend misstrauisch gegenüberstehen. Als starker und einiger Akteur in der Weltpolitik fällt die EU in ihrem gegenwärtigen Zustand aus. Die Heterogenität der an der Währungsunion beteiligten Volkswirtschaften und ihre unterschiedlich geprägten nationalen Politiktraditionen haben Europa in der Welt nicht gestärkt, sondern eher geschwächt. Das europäische Modell von Demokratie, liberaler Gesellschaft, freier Marktwirtschaft und Sozialstaatlichkeit droht durch die Folgen der Schuldenkrise seine Strahlkraft dauerhaft zu verlieren.

Die Aussicht, mit Frankfurt ein Weltfinanzzentrum zu etablieren, das im Zusammenspiel mit New York und Beijing irgendwann einmal die Geschicke des Weltwährungssystems bestimmt, hat sich im Zuge der europäischen Schuldenkrise verdunkelt. Zwar hatte die chinesische Zentralbank zusammen mit der chinesischen Währungsbehörde anfangs tatsächlich in großem Stil Euro gekauft. Teils wollte Beijing damit die eigene Abhängigkeit vom Dollar als Reservewährung vermindern, teils ging es im Interesse der eigenen Exportchancen darum, einen allzu starken Verfall des Euro zu verhindern. Außerdem wollte die chinesische Führung die Unterstützungskäufe nutzen, um im Gegenzug europäische Kontrollen für Technologie-Exporte nach China in militärisch relevanten Bereichen lockern zu lassen. Schließlich kauften die Chinesen im Zuge der Krise auch gezielt europäische Industriebetriebe, Dienstleistungsunternehmen sowie Versorgungs- und Transportanlagen, wie etwa griechische Häfen oder Reedereien.

Mittlerweile hat sich das geändert. Die europäische

Währung wird zwar noch von vielen Industriestaaten gehalten, aber in den aufstrebenden Schwellenländern befindet sie sich eher auf dem Rückzug. Im Jahr 2009 hielt China zusammen mit den anderen Schwellen- und Entwicklungsländern noch fast 31 Prozent der deklarierten Devisen in Euro. Ende 2012 waren es nur noch rund 24 Prozent. Zwar ging auch die Bedeutung des Dollar als Reservewährung zurück. Doch diese Entwicklung ist weniger bemerkenswert als der Umstand, dass der Euro trotz der exorbitanten Verschuldung der USA und der gigantischen Löcher im amerikanischen Haushalt nicht in die entstandene Lücke vorstoßen konnte. Gegenwärtig werden immer noch etwa sechzig Prozent der globalen Devisenreserven in der amerikanischen Währung gehalten. Daneben befinden sich andere Währungen, etwa der chinesische Renminbi, aber auch der australische Dollar, auf dem Vormarsch.[111]

Gleichgültig, wie sich die europäische Schuldenkrise weiter entwickelt: Der Euro geht daraus als geschwächte Währung hervor. Unter diesen Umständen erscheint es ausgeschlossen, dass er, wie erhofft, in absehbarer Zeit dem Dollar als Weltreservewährung Paroli bieten und mit ihm ein »Duopol« (Werner Link) im Weltwährungssystem bilden kann. Die Einheitswährung nach der Krise, schreibt der britische Publizist David Marsh, werde sich grundsätzlich von derjenigen unterscheiden, die ihre Protagonisten in den 1990er Jahren geplant hatten. Sie werde nicht in Vielfalt geeint, sondern geteilt sein: aufgespalten in die beiden antagonistischen Lager der Gläubiger- und der Schuldnerstaaten und dazu verdammt, noch jahrelang auf teure und kompli-

---

111 FAZ vom 2. April 2013.

zierte Unterstützung durch die Apparaturen monetärer Intensivmedizin angewiesen zu sein.[112]

Die währungspolitische Schwäche wird nicht durch diplomatische oder militärische Stärke ausgeglichen. Vielmehr hatte der Euro auf eine gemeinsame europäische Außen- und Sicherheitspolitik viel weniger Auswirkungen, als seine Befürworter erträumt und seine Kritiker, gerade in den USA, befürchtet hatten. Zwar hat sich das Netzwerk – man könnte auch sagen: das Gestrüpp – europäischer Institutionen auch auf diesem Feld weiter verdichtet.[113] Dem von Frankreich und Deutschland 1992 gebildeten Eurokorps haben sich mittlerweile auch Belgien, Luxemburg und Spanien angeschlossen. Es umfasst derzeit 60.000 Soldaten. Daneben sind seit 2007 jeweils zwei multinationale Kampfgruppen in Bataillonsstärke einsatzbereit. Gerade auf dem Balkan und in Afrika hat die EU erfolgreich einige halb militärische, halb zivile Missionen durchgeführt, die zwar unterhalb der Schwelle regelrechter Kriege blieben, aber auch kleinere Kampfeinsätze einschlossen. Es gibt darüber hinaus eine Europäische Verteidigungsagentur, die vor allem die Rüstungspolitik der EU-Staaten koordinieren soll. Als Gegenentwurf zur Nationalen Verteidigungsstrategie der USA existiert seit 2003 auch eine Europäische Sicherheitsstrategie, die gegenwärtig überarbeitet wird. In Brüssel hat man die Ämter des Hohen Vertreters für Außen- und Sicherheitspolitik und des Außenkommissars in Personalunion zusam-

---

112 David Marsh: The Euro. The Battle for the New Global Currency. London und New Haven 2011, S. 6.
113 Vgl. zum Folgenden Werner Link: Möglichkeiten und Grenzen einer gemeinsamen Außenpolitik, in: Aus Politik und Zeitgeschichte 63 (6–7/ 2013), S. 23–30.

mengefasst und mit dem Aufbau eines Europäischen Auswärtigen Dienstes begonnen.

Gleichwohl ist die Europäische Union nicht zu einem eigenständigen politischen Akteur von wirklichem Gewicht auf der Weltbühne geworden. Wo es zählt, etwa bei den Verhandlungen über das Nuklearprogramm des Iran oder im Krieg zwischen Georgien und Russland, handelt sie nicht selbst, sondern beauftragt ihre mächtigsten Mitgliedsländer Frankreich, Deutschland und Großbritannien (im Falle des Kaukasuskonflikts nur Frankreich, das damals den Ratsvorsitz innehatte), stellvertretend für die gesamte Union aktiv zu werden. In den Fällen, in denen die Hohe Vertreterin für gemeinsame Außenpolitik, Lady Ashton, selbst tätig wird, wie bei den Vermittlungsbemühungen im Nahost-Quartett zusammen mit den USA, Russland und dem UN-Generalsekretär, sind die Erfolge überschaubar.

Wenn internationale Krisen die Testfälle für die Tauglichkeit institutioneller Arrangements sind, dann hat die Außen- und Sicherheitspolitik der EU den Praxistest, vorsichtig formuliert, noch nicht bestanden. Man könnte auch sagen: Die Bilanz ist blamabel. Der Bürgerkrieg in Jugoslawien Mitte der 1990er Jahre enthüllte historisch tiefsitzende Gegensätze zwischen Frankreich und Großbritannien auf der einen und Deutschland auf der anderen Seite. Die Frontstellung spiegelte dabei ziemlich exakt die Loyalitäten und Bündniskonstellationen wider, die sich in zwei Weltkriegen ausgebildet hatten. Briten und Franzosen hielten lange zu Serbien, während sich die Bundesrepublik frühzeitig für die Unabhängigkeitsbestrebungen der Kroaten und Slowenen starkmachte. Diese Pattsituation ließ kein konzertiertes Vorgehen zu und paralysierte die europäische Politik. Ohne das Eingreifen der USA wären die ethnischen Säuberungen in Bosnien, der Herzegowina und später auch im Kosovo nicht gestoppt worden.

Beim amerikanischen Krieg gegen den Irak 2003 war die EU ebenfalls gespalten. Eine Gruppe um Großbritannien und Spanien unterstützte die USA, eine andere unter Führung Frankreichs mit Deutschland im Schlepptau opponierte. Beim Internationalen Militäreinsatz gegen Libyen 2011 weigerte sich Deutschland, der Koalition beizutreten, die Oberst Gaddafi daran hindern wollte, ein Massaker an seiner eigenen revoltierenden Bevölkerung zu verüben. Die Bundesrepublik sprengte im UNO-Sicherheitsrat eine gemeinsame europäische Position, weil sie sich zusammen mit Russland, China, Indien und Brasilien der Stimme enthielt, während sich Frankreich und Großbritannien zusammen mit Portugal und Bosnien-Herzegowina als europäischen Ländern ohne ständigen Sitz im Sicherheitsrat für den Militäreinsatz aussprachen. Bei den Diskussionen um eine militärische Intervention im westafrikanischen Mali blieb die deutsche Bereitschaft zur Beteiligung weit hinter dem zurück, was sich die europäischen Verbündeten, Frankreich zumal, erhofft hatten. Zum Bürgerkrieg in Syrien hat die EU ebenfalls keine geschlossene Position gefunden. Die alten Großmächte Frankreich und Großbritannien drängen auf ein entschiedeneres Vorgehen, während Länder wie das neutrale Österreich Zurückhaltung anmahnen.

Zu den wichtigsten weltpolitischen Problemen der näheren Zukunft gibt es allenfalls nationale Präferenzen, aber kaum gemeinsame europäische Positionen. Das gilt für die russischen Ambitionen im Kaukasus und anderswo genauso wie für den Umgang mit der wachsenden Macht Chinas oder das Atomprogramm des Iran. Allenthalben zeigt sich, dass nationale Interessen, insbesondere Handelsbeziehungen, und die unterschiedlichen außenpolitischen Traditionen der Einzelstaaten im Ernstfall schwerer wiegen als der Wille, eine tragfähige gemeinsame Außen- und Sicherheitspolitik zu entwickeln.

Hinzu kommt, dass die Arbeit der Europäischen Kommission und des Europäischen Gerichtshofes als treibende Kräfte der Integration von jeher stärker auf die Vereinheitlichung der EU im Innern als auf die Projektion ihres Einflusses nach außen gerichtet war. Mehr Europa, hat der Mannheimer Politikwissenschaftler Peter Graf Kielmansegg festgestellt, würde für die Zukunft nach allen bisherigen Erfahrungen nicht etwa mehr europäische Handlungsfähigkeit nach außen und damit ein größeres Gewicht Europas in der Welt bedeuten, sondern eine weitere Verdichtung des Netzes europäischen Rechts und eine stärkere innere Homogenisierung. Das sei für eine Gemeinschaft von Nationalstaaten mit einer im Bewusstsein ihrer Bürger wie in der Geschichte tief verankerten Eigenständigkeit alles andere als eine vernünftige Entwicklung: »Die Richtung stimmt nicht.«[114]

Die Krise der europäischen Währungsunion absorbiert jedoch nicht nur Energien, die besser auf eine Stärkung der Union nach außen gerichtet wären. Sie unterminiert auch eine der größten historischen Errungenschaften der Integration: nämlich die sukzessive Aufnahme der meisten europäischen Staaten in die EU. Über den Schwierigkeiten, welche die falsch konstruierte Vertiefung der Union in den vergange-

---

114 Peter Graf Kielmansegg: Zwangsintegration, in: FAS vom 16. Dezember 2012.

nen Jahren bereitet hat, gerät die Erfolgsgeschichte der Erweiterung allzu leicht aus dem Blick. Der Erfolg bezieht sich dabei nicht nur auf die Integration der überwiegend ökonomisch starken und politisch gefestigten Demokratien in West-, Mittel- und Nordeuropa, die in zwei Schüben 1973 (Großbritannien, Irland, Dänemark) und 1995 (Finnland, Schweden, Österreich) zur alten Gemeinschaft der Sechs hinzustießen. Für die politische, rechtliche und wirtschaftliche Stabilisierung des Kontinents noch wichtiger war die Erweiterung nach Süden in den 1980er Jahren (Griechenland, Spanien und Portugal) und nach Osten zwanzig Jahre darauf, als mit Estland, Lettland, Litauen, Polen, Tschechien, Slowakei, Ungarn, Slowenien, Bulgarien, Rumänien und neuerdings Kroatien, ergänzt um die beiden Mittelmeerinseln Malta und Zypern, insgesamt 13 neue Mitglieder der EU beitraten.

Mit Hilfe dieser Erweiterungsrunden förderte der Integrationsprozess Stabilität, Wohlstand, Demokratie und Rechtsstaatlichkeit in den Teilen des Kontinents, die zuvor von diktatorischen Regimen beherrscht worden und wirtschaftlich rückständig geblieben waren. Die Kehrseite der Medaille war die drastische Vervielfältigung der verschiedenen nationalen Wirtschafts- und Sozialsysteme in der EU. Die Produktivitäts- und Wohlstandsunterschiede zwischen den Mitgliedsländern nahmen ebenso zu wie die Bandbreite der politischen Kulturen und rechtlichen Traditionen. Einige Altmitglieder nahmen diesen Preis aus europäischem Enthusiasmus und Gemeinsinn in Kauf, andere aus Einsicht in die Notwendigkeit einer Stabilisierung des Kontinents. Wieder andere, gerade in Großbritannien, kalkulierten, die Erweiterung werde die Zentrale in Brüssel schwächen und neuen Vertiefungsrunden einen Riegel vorschieben.

Nationale Interessen und Präferenzen spielten eine wichtige Rolle. Aus strategischer wie ökonomischer Sicht, aber auch wegen kultureller und mentaler Übereinstimmungen war für Frankreich, aber auch für Italien die Süderweiterung zentral, während man die Ausdehnung nach Norden und Osten teils skeptisch beäugte, teils zu verzögern trachtete. Der Bundesregierung hingegen war daran gelegen, dass Deutschland auch im Norden und Osten nicht Grenzland der EU blieb. Die maßgeblichen Motive hat der damalige Kanzler Helmut Kohl während der ersten Hälfte der 1990er Jahre in zwei Bundesvorstandssitzungen der CDU mit bemerkenswerter Deutlichkeit dargelegt. Man müsse sich, erklärte er im März 1993, dagegen zur Wehr setzen, dass die romanischen Länder, sowohl auf Regierungsebene als auch über die Kommission und die hohe Brüsseler Bürokratie, den Beitritt der Nordeuropäer verschleppten. Für die Statik des Hauses Europa sei aus deutscher Sicht die Flanke in Nordeuropa von großer Wichtigkeit. Nicht nur aus strategischen, sondern auch aus kulturellen Gründen »wäre Europa nicht unser Europa, wenn es eine ausgesprochene südländische Schlagseite hätte«.[115]

Nachdem die Norderweiterung 1995 erreicht war, wurde Kohl noch deutlicher. Er habe immer gesagt, erklärte er, ohne die iberische Halbinsel sei Europa ein Torso. Aber ohne Norwegen, Finnland und Schweden sei es genauso ein Torso. Für die Deutschen als Mitteleuropäer, so der Kanzler, sei es wichtig, dass die norddeutsche Tiefebene nicht der Ausläufer Europas sei, zumal »die Mentalität

---

115 Helmut Kohl: Berichte zur Lage der Nation 1989–1998, bearbeitet von Günter Buchstab und Hans-Otto Kleinmann. Düsseldorf 2012, S. 444.

etwa im Umgang mit staatlichen Institutionen bis hin zur Staatskasse im Norden und im Süden von Geburt an unterschiedlich ist«.[116]

Knapp zwanzig Jahre später muss man feststellen, dass Kohls Zuversicht auch in diesem Punkt verfrüht gewesen ist. Über die Europäische Währungsunion ist Deutschland exakt in jenes romanisch geprägte Rumpfeuropa hineingeschlittert, das man mit Hilfe der Nord- und Osterweiterungen zu überwinden versucht hatte. Die Länder des Mittelmeerraumes besitzen zwar nicht die Wirtschaftskraft der Bundesrepublik, aber sie verfügen im Zweifelsfall über die Stimmenmehrheit im EZB-Rat und prägen dort zunehmend auch die institutionelle Kultur. Die Nordeuropäer hingegen und die ostmitteleuropäischen Staaten, vor allem im Baltikum, aber auch Polen, Tschechien und Ungarn, stehen dem deutschen Staats- und Rechtsverständnis näher und entsprechen auch eher unseren Auffassungen in der Geld- und Haushaltspolitik. Gerade sie sind aber dem Euro bisher meist ferngeblieben. Estland und bald auch Lettland, die nicht zufällig recht schnell aus eigener Kraft wieder auf die Beine kamen, sind Ausnahmen, nicht die Regel.

Kohls Erwartung, die Dänen und Schweden, selbst die Briten, würden der Währungsunion binnen kurzem demütig bittend beitreten, hat sich nicht bewahrheitet. Der Trend, die Eurozone in eine Haftungs- und Transfergemeinschaft großen Stils zu verwandeln, ist für potenzielle Geber- beziehungsweise Gläubigerländer wie Dänemark und Schweden kaum ein Anreiz, ihren Beitritt künftig ernsthaft zu erwägen. Großbritannien, das schon vor der gegenwärtigen Kri-

---

116 Ebd., S. 647.

se besonders skeptisch war, befindet sich nach den Erfahrungen der vergangenen Jahre auf dem Weg heraus aus anderen Formen der Integration, schlimmstenfalls sogar aus der gesamten EU.

Selbst ein ursprünglich auf den Euro erpichtes ostmitteleuropäisches Land wie Polen wird in absehbarer Zeit kaum beitreten. Zwar würde der Euro für die Polen in wirtschaftlicher Hinsicht eine willkommene Absenkung der Zinssätze mit sich bringen. Und politisch fürchtet die Regierung in Warschau, ihr Land werde an den Rand gedrängt, wenn es der Währungsunion fernbleibt. Trotzdem sind die Erfahrungen der Schuldenstaaten an der westlichen und südlichen Peripherie Europas derart abschreckend, dass auch für Polen ein Beitritt auf mittlere Sicht nicht in Frage kommt. Zudem hat Polens Wirtschaft seit der Existenz der gemeinsamen Währung entgegen aller Prognosen außerhalb des Euroraums im Schnitt bessere Wachstumsraten erzielt als Frankreich oder Deutschland innerhalb des Euro.[117]

Statt die Einigung Europas zu krönen, hat die Währungsunion den Kontinent somit auf doppelte Weise gespalten: erstens in Mitglieder und Nichtmitglieder der Eurozone und zweitens innerhalb des Euroraumes in ein Lager der Gläubiger und der Schuldner. Geographisch und institutionell ist die Europäische Union immer noch vor allem ein Projekt jener Wohlstandsregionen zwischen Nordsee und Alpen, die im Herzen des alten Europa der Sechs lagen. Der Landstrich hat wie kein anderer von der europäischen Einigung profi-

---

117 Vgl. Gerhard Gnauck: Zeichen und Wunder an der Weichsel, in: NZZ vom 6. Oktober 2011.

tiert. Er beherbergt bis heute alle wichtigen europäischen Institutionen: die Kommission in Brüssel, die Tagungsorte des Europäischen Parlaments und seiner Ausschüsse in Straßburg und Brüssel, den Europäischen Gerichtshof in Luxemburg. Auch Maastricht und Schengen als Orte historischer Wegmarken des Integrationsprozesses sind nicht weit entfernt. Geschichte und Gegenwart verweisen in dieser Region stärker als anderswo auf die europäische Dimension der Dinge.

Es ist gewiss kein Zufall, dass besonders enthusiastische Fürsprecher des Einigungsprojektes häufig aus dieser Gegend kamen, die man südlich der Alpen noch um Norditalien bis zur Poebene erweitern könnte: Helmut Kohl aus der Pfalz, Wolfgang Schäuble aus Baden, Jean-Claude Juncker aus Luxemburg, Mario Monti aus der Lombardei, Martin Schulz aus Würselen bei Aachen, zu früheren Zeiten Männer wie der Mainzer Walter Hallstein, Paul-Henri Spaak aus Brüssel oder der Lothringer Robert Schuman. Sie alle dachten und fühlten über den Nationalstaat und dessen Grenzen hinaus. Man kann diese Einstellung als »transnational« bezeichnen und darin etwas besonders Modernes und Zukunftsweisendes erblicken. Man kann aber auch die historischen Wurzeln dieser Gesinnung bemerken, die nicht zufällig in jener alteuropäischen Kernregion besonders ausgeprägt ist, die einst die wichtigste Kommunikationsader im Karolingerreich war.

In der Tat verweist die Europäische Union nicht nur voraus in eine mögliche Zukunft jenseits der Nationalstaaten. Sie verweist auch zurück auf Europas imperiales Erbe. Seit einiger Zeit wird in diesem Zusammenhang diskutiert, ob die EU die neuartige Form eines »gutartigen« Imperiums darstelle.[118] Sie sei, argumentieren Verfechter dieser Sichtweise, zwar anders als frühere Vielvölkerreiche im Innern rechtsstaatlich, sozial und demokratisch verfasst. Sie weise dafür aber andere Merkmale imperialer Zusammenschlüsse auf: sprachliche und kulturelle Vielfalt statt der Uniformität von Nationalstaaten; die Bereitschaft zur Expansion, wo der Nationalstaat seine Grenzen eifersüchtig verteidigte; die Bereitstellung von Herrschaft in Gegenden, die sich nationalstaatlicher Steuerung und Kontrolle chronisch entzogen haben; schließlich auch die globale Interaktion mit anderen Imperien.[119]

Im Zuge der europäischen Krise unserer Tage drohen sich auch hier die Dinge ins Gegenteil zu verkehren. Die innere Funktionsweise der EU ähnelt immer stärker traditionellen Formen imperialer Herrschaft, während sich die Erwartungen politischer Weltgeltung und globaler Machtprojektion zerschlagen haben. An die Stelle demokratischer Rechtsstaaten, wie sie sich nach 1945 in Westeuropa und seit 1989/90 auch in Ostmitteleuropa durchgesetzt hatten, tritt heute im Euroraum zuweilen unverhohlen die bürokratische Willkürherrschaft einer zentralen Elite ohne ausreichende Rückkopplung an rechtsstaatliche Normen und demokratische Prozeduren. Die soziale Ausgewogenheit, auf die man in Europa im Vergleich etwa zu den USA oft stolz

---

118 Siehe z. B. Annegret Bendiek, Livia Schroedel, Mitja Sienknecht: Die EU als imperiale und hegemoniale Macht. Aus europäischen und amerikanischen Fachzeitschriften und Think-Tank-Publikationen 2008, SWP-Zeitschriftenschau 1/2009 (siehe unter http://www.swp-berlin.org/fileadmin/contents/products/zeitschriftenschau/2009zs01_bdk_sdj_skt_ks.pdf); Herfried Münkler: Imperien. Die Logik der Weltherrschaft – vom Alten Rom bis zu den Vereinigten Staaten, 5. Aufl. Berlin 2005, S. 235–254.
119 Vgl. Robert Cooper: The Breaking of Nations. Order and Chaos in the Twenty-First Century. London 2003, S. 70–75.

verwiesen hat, ist – zumindest in der Wahrnehmung vieler Südeuropäer – einer Ausbeutung im Dienste eines imperialen Zentrums aus Brüsseler Bürokratie, deutscher Exportindustrie und international agierenden Großbanken gewichen. Umgekehrt hat sich die Erwartung, die EU könne mittel- bis langfristig anderen modernen Imperien wie den USA oder China Paroli bieten, nicht erfüllt.

Manchmal erinnert die Fixierung auf europäische Weltgeltung an die Obsession unserer wilhelminischen Ahnen, die glaubten, wenn das Deutsche Reich keine Weltpolitik treibe, verliere es den Anschluss an die anderen Großmächte seiner Zeit. Die Einigung Deutschlands sei ein Jugendstreich, hat der Soziologe Max Weber in einer berühmten Wendung seiner Freiburger Antrittsvorlesung 1895 behauptet, »den die Nation auf ihre alten Tage beging und seiner Kostspieligkeit halber besser unterlassen hätte, wenn sie der Abschluss und nicht der Ausgangspunkt einer deutschen Weltmachtpolitik sein sollte«.[120] Heute klingt es gar nicht so viel anders, wenn Jürgen Habermas, Peter Bofinger und Julian Nida-Rümelin mit Blick auf die globalen Horizonte, die sich Deutschland im EU-Verbund eröffneten, erklären, der Verzicht auf die europäische Einigung »wäre auch ein Abschied von der Weltgeschichte«.[121] Die Gefahr derartiger imperialer Träume lag damals und liegt heute darin, dass Deutschland seine Kräfte überschätzt und ohne einen Plan B weltpolitische Fernziele anpeilt, die sich als Luftschlösser erweisen.

---

120 Max Weber: Der Nationalstaat und die Volkswirtschaftspolitik (1895), in: ders.: Gesammelte politische Schriften, hrsg. von Marianne Weber. München 1921, S. 23.
121 Jürgen Habermas, Peter Bofinger, Julian Nida-Rümelin: Für einen Kurswechsel in der Europapolitik, in: FAZ vom 3. August 2012.

7.
Die Rückkehr der deutschen Frage

Die Annahme, mit Hilfe der Währungsunion verschwinde die Frage von Hegemonie und Gleichgewicht in Europa, war ein politischer Denkfehler. Speziell zur Lösung der »deutschen Frage« hat der Euro weniger beigetragen als vielfach angenommen. Im Gegenteil: Er hat sie in dramatischer Weise zugespitzt. Dabei hat der Berliner Historiker Heinrich August Winkler vor wenigen Jahren noch hoffnungsfroh erklärt, die deutsche Frage sei gelöst. Seit 1990, so argumentierte Winkler, gehöre ganz Deutschland zum Kreis der westlichen Demokratien. Die deutsche Wiedervereinigung habe nicht nur das Verhältnis von Einheit und Freiheit ins Lot gebracht. Sie habe auch die offenen Fragen des deutschen Territoriums und der deutschen Grenzen beantwortet und das Problem der europäischen Sicherheit gelöst.[122]

Winkler stand mit seinem Urteil nicht allein. Ein scharfsichtiger Beobachter der europäischen Verhältnisse wie der britische Historiker und Publizist Timothy Garton Ash

---

122 Heinrich August Winkler: Die deutsche Frage ist gelöst, die europäische Frage ist offen. 60 Jahre Bundesrepublik: Rückblick und Ausblick, in: Geschichte in Wissenschaft und Unterricht 9/2009, S. 490–494.

schloss seinen Essayband »aus den Zentren von Mitteleuropa« 1999 mit der optimistischen Bemerkung, Deutschland sei von einem Unsicherheitsfaktor zu einem Ruhepol des Kontinents geworden. Die großen Entscheidungen seien gefallen, die Weichen gestellt. Denke man an die Ungewissheiten zurück, mit denen die 1990er Jahre begonnen hätten, an die enormen Sorgen, die es nicht nur in Britannien gegeben habe, so müsse man die zehn Jahre seither als große Erfolgsstory bezeichnen. Auf der Problemliste Europas stehe Deutschland nun ganz unten. Als »das verblüffende Ergebnis eines erstaunlichen Jahrzehnts« hielt Garton Ash fest: »Die deutsche Frage gibt es nicht mehr.«[123]

Knapp fünfzehn Jahre später sehen die Dinge anders aus. Die deutsche Frage ist zurück auf der europäischen Agenda – und zwar in einem neuen oder vielmehr: in einem ganz alten Gewand. Es geht nicht länger, wie im Kalten Krieg, um die deutsche Teilung und die Grenzen im Osten. Es geht vielmehr, wie zwischen 1871 und 1945, um die Frage, wie der deutsche Nationalstaat in der Mitte Europas sich in die Statik und Dynamik des Kontinents einfügt, wie er politisch stabil sein und wirtschaftlich prosperieren kann, ohne die Sicherheit und das Wohlergehen der anderen Länder Europas zu gefährden. In mancher Hinsicht ist das wiedervereinigte Deutschland erneut in jener »halbhegemonialen Stellung«, die Ludwig Dehio für das Bismarckreich konstatiert hatte.[124] Es besitzt wieder jene

---

123 Timothy Garton Ash: Envoi: Europa, Britannien, Deutschland, in: ders.: Zeit der Freiheit. Aus den Zentren von Mitteleuropa. München, Wien 1999, S. 474–483, hier S. 482–483.
124 Ludwig Dehio: Deutschland und die Epoche der Weltkriege, in: Historische Zeitschrift 173 (1952), S. 77–94, hier S. 80.

»ungeschickte Größenordnung«, die Kurt Georg Kiesinger 1967 hellsichtig prophezeit hatte: zu groß, um problemlos in die europäischen Strukturen hineinzupassen, aber zu klein, um sich als unangefochtene Hegemonialmacht durchzusetzen.[125]

Schon Ende der 1970er, Anfang der 1980er Jahre hatten kluge Köpfe erste Anzeichen für eine Rückkehr der deutschen Frage bemerkt. Der amerikanische Historiker David Calleo warnte vor einer Moralisierung des Problems, das Deutschland im späten 19. und frühen 20. Jahrhundert für Europa dargestellt habe. Die Schwierigkeit der Deutschen, sich in Europa einzufügen, habe weniger mit deren spezieller Bösartigkeit als vielmehr mit strukturellen Gegebenheiten zu tun. Wenn man diese Prämisse akzeptiere, eröffne sich die »unbehagliche Möglichkeit, daß das alte ›Deutsche Problem‹ selbst mit guten Deutschen wieder aufleben könnte«. Man müsse die Aussicht in Betracht ziehen, dass der lange Nachkriegsboom nur »eine Art Erholungspause von dem traditionellen deutschen Problem« gebracht habe und dass dieser »Urlaub von der Vergangenheit« zu Ende gehe, weil die Welt immer pluralistischer werde und stärker auf die Wirtschaft ausgerichtet sei.[126]

Nach der deutschen Wiedervereinigung bemerkte der Zeithistoriker Arnulf Baring, die Lage Deutschlands sei vollkommen neuartig, wenn man sie mit der Zeit vor 1989

---

125 Siehe Kiesingers Rede beim Staatsakt der Bundesregierung zum Tag der Deutschen Einheit im Bundestag, 17. Juni 1967, abgedruckt in: Peter Longerich (Hrsg.): »Was ist des Deutschen Vaterland?« Dokumente zur Frage der deutschen Einheit 1800–1990, 4. Aufl. München 1996, S. 233.
126 David Calleo: Legende und Wirklichkeit der deutschen Gefahr. Bonn 1980, S. 13–14.

vergleiche. Sie erscheine aber überhaupt nicht neu, wenn man an das Deutsche Reich vor 1945 oder 1933 denke. Deutschland sei durch den Kalten Krieg zwischenzeitlich aus seiner angestammten Mittellage erlöst worden. Nach dem Ende des Ost-West-Konflikts kehrten die damit verbundenen Probleme jedoch tendenziell zurück. Man könne am Alterungsprozess der NATO und an den Krisenerscheinungen der europäischen Einigung ablesen, dass viele Institutionen fest an die Ost-West-Mauer angebaut gewesen seien. Nun, da diese eingestürzt sei, hätten auch die westlichen Institutionen und Allianzen ihre frühere Standfestigkeit eingebüßt: »Ein Teil der Stabilität, die der Kontinent in seiner Westhälfte besaß, ist aufgrund der Veränderungen seit 1990 geschwunden.«[127]

Die deutsche Geschichte seit 1871, hat der Mainzer Historiker Andreas Rödder konstatiert, offenbare eine wiederkehrende Dominanz ökonomischer und materieller Potentiale in Europa – entgegen allen Rückschlägen in Gestalt zweier verlorener Weltkriege, der Vertreibung und Tötung seiner jüdischen Eliten, dem Verlust von einem Drittel seines Territoriums, der zweifachen europäischen Vergemeinschaftung zentraler Machtressourcen, der vermeintlichen Überforderung durch den Aufbau der neuen Länder nach 1990 und dem anscheinend unvermeidlichen Niedergang eines zukunftsunfähig-überindustrialisierten Landes. Mit den neuen deutschen Wirtschaftserfolgen der vergangenen Jahre kehre nicht nur die Rede vom »Modell Deutschland« zurück, sondern »auch der Verdacht, die deutsche Europa-

---

127 Arnulf Baring: Scheitert Deutschland? Abschied von unseren Wunschwelten. Stuttgart 1997, S. 120–121.

Politik camoufliere nur die wahren deutschen Vormacht-gelüste«.[128]

Tatsächlich hatten die Zeitgenossen schon vor 1914 befürchtet, die starke Stellung des Deutschen Reiches auf dem Kontinent werde sich mit der Zeit zu einer regelrechten Hegemonie auswachsen. Der Vormachtanspruch des Reiches, notierte der britische Diplomat Eyre Crowe 1907 in einem berühmt gewordenen Memorandum, sei aus deutscher Sicht »Ausdruck des tiefeingewurzelten Gefühls, durch die Stärke und Reinheit seines nationalen Strebens [...] durch den hohen Tüchtigkeitsgrad und die offensichtliche Ehrlichkeit seiner Verwaltung, durch den erfolgreichen Betrieb jedes Zweiges öffentlicher und wissenschaftlicher Tätigkeit«, das Recht erworben zu haben, »für die deutschen nationalen Ideale einen Vorrang zu beanspruchen«.[129]

Diesen Bestrebungen versuchten die anderen europäischen Mächte durch diplomatische Absprachen und Allianzen einen Riegel vorzuschieben. Lange Zeit galt in der historischen Forschung als ausgemacht, dass sich die deutschen Führungsschichten diese Einschnürung selbst eingebrockt hätten, weil sie allzu unverhohlen und aggressiv die Vormacht in Europa anstrebten. In jüngster Zeit mehren sich jedoch wieder Stimmen, die darauf hinweisen, dass es einen realen Kern der deutschen Einkreisungsängste gab.[130] Da war zum einen das Bündnis zwischen Russland und Frank-

---

128 Andreas Rödder: Dilemma und Strategie, in: FAZ vom 14. Januar 2013.
129 Crowe Memorandum vom 1. Januar 1907, abgedruckt in: Die Britischen Amtlichen Dokumente über den Ursprung des Weltkriegs 1898–1914, Band 3: Die Probe auf die Entente 1904–1906. Berlin 1938, S. 645–685, hier S. 660–661.
130 Siehe etwa Konrad Canis: Der Weg in den Abgrund. Deutsche Außenpolitik 1902–1914. Paderborn u. a. 2011.

reich, das jeden Konflikt mit einer der beiden Mächte für Deutschland in einen Zweifrontenkrieg zu verwandeln drohte. Zudem bildeten die etablierten Kolonialmächte England, Russland und Frankreich in Übersee eine Art Kartell, das einen Newcomer wie das Deutsche Reich in seiner imperialen Expansion eindämmte und damit aus der Liga der Weltmächte ausgrenzte. Da die kolonialen Absprachen sich für London, Paris und Sankt Petersburg auch innerhalb Europas bewährten und zur Bildung zweier antagonistischer Blöcke beitrugen, grassierte in Deutschland die Furcht, durch einen eisernen Ring feindlich gesinnter Mächte isoliert zu werden.

Nachdem das Blocksystem in den Ersten Weltkrieg geführt hatte, versuchten die Siegermächte nach 1918, das Reich durch Rüstungsbeschränkungen, Gebietsabtretungen und Reparationszahlungen zu isolieren und zu schwächen. In der großen Krise des Jahres 1923 besetzten französische und belgische Truppen das Ruhrgebiet, um die deutschen Zwangslieferungen von Kohle und Stahl zu überwachen. Die neuere Forschung betont zwar, dass die Versailler Friedensbedingungen nicht so harsch waren, wie sie von den Deutschen damals empfunden wurden. In gewisser Weise hatte sich die deutsche Position sogar strukturell verbessert. Weder das Reich der Habsburger noch das der Romanows hatten den Krieg überlebt. Frankreich war geschwächt, und der britischen Regierung lag daran, das ökonomische Potential des Reiches in der Mitte Europas für die wirtschaftliche Erholung des Kontinents zu nutzen.

Trotzdem waren die Deutschen über alle weltanschaulichen Gräben in der Ansicht vereint, die Vertragsbestimmungen seien ungerecht und müssten revidiert werden. Die

Einheitsfront der Ablehnung von Versailles unterminierte die erste deutsche Republik, deren Vertreter den Vertrag unterzeichnet hatten. Sie verfestigte das aus dem Krieg geborene Klima des Misstrauens und der Feindseligkeit gegenüber den europäischen Nachbarn. Keine politische Kraft profitierte davon mehr als die Nationalsozialisten. Zugleich haben neuere Forschungen, etwa des schottischen Historikers Conan Fischer, aber auch gezeigt, dass die deutsch-französischen Annäherungs- und Aussöhnungsversuche der späten 1920er und frühen 1930er Jahre ernsthafter waren, als man vielfach angenommen hat. Die Bemühungen der beteiligten Politiker und Diplomaten, Geschäftsleute und Intellektuellen scheiterten weniger an mangelndem gutem Willen als an den widrigen ökonomischen und politischen Umständen.[131]

Nach dem Zweiten Weltkrieg stand das Problem deutscher Hegemonie wieder im Zentrum der Überlegungen. Die Alliierten suchten schon während der Kriegszeit nach Wegen, wie Deutschland das »Herz der europäischen Wirtschaft sein kann, ohne politisch zu dominieren« und dadurch zu einer Gefahr für die Sicherheit der anderen Europäer zu werden.[132] Die Erfolgsformel, die man nach 1945 fand, lautete: supranationale Integration. Die europäischen Mächte präferierten, auch auf Druck der USA, nicht mehr Gegenmachtbildung und Zwang, sondern die

---

131 Conan Fischer: The Failed European Union. Franco-German Relations during the Great Depression of 1929–32, in: The International History Review 34 (2012), S. 705–724.

132 Memorandum des britischen *Foreign Office* aus dem Jahr 1941, zitiert nach Wolf D. Gruner: Die deutsche Frage in Europa 1800–1990. München 1993, S. 266.

Einbindung Westdeutschlands in eine starke europäische Gemeinschaft. Deutsche Machtmittel wie die Kohle- und Stahlindustrie wurden europäisiert und dadurch unschädlich gemacht.

Den Kern der westeuropäischen Nachkriegsordnung bildete ein Arrangement zwischen Frankreich und der Bundesrepublik. Die Westdeutschen brachten ihre Wirtschaftskraft ein und überließen den Franzosen die politische Führung. Solange der deutsche Wirtschaftsaufschwung in der ersten Hälfte der 1950er Jahre noch in den Anfängen steckte und die Bundesrepublik unter Besatzungsstatut stand, war die französische Vorherrschaft unangefochten und die Regelung damit tragfähig. Nach 1955 jedoch erwies sich der Ausgleich als zunehmend prekär, nicht weil die Deutschen gegen die französische Führungsrolle aufbegehrt hätten, sondern weil sich der Schwerpunkt innerhalb der deutsch-französischen Partnerschaft verschob.

Zunächst fürchtete Frankreich vor allem die Stärke der deutschen Industrie. In der Europäischen Wirtschaftsgemeinschaft hatte sich Paris mit dem Abbau der Zollschranken und damit dem erleichterten Import deutscher Industriegüter abgefunden, weil die Bundesrepublik im Gegenzug zu einer gemeinsamen Landwirtschaftspolitik bereit war, die besonders dem großen französischen Agrarsektor zugutekam. In den folgenden Jahren argwöhnte die französische politische Elite, dass die Bundesrepublik aus dieser Einigung größeren Nutzen zöge als Frankreich. Sein Land sei sehr viel später als Deutschland in die Phase der Großindustrie eingetreten, erklärte Präsident de Gaulle im März 1969 gegenüber Kanzler Kiesinger. Deshalb habe es »eine gewisse Zurückhaltung und Vorsicht gegenüber der deutschen Wirtschaftskraft, denn es wolle ja nicht von der deutschen Industrie überflutet werden«.[133]

Die unterschiedliche industrielle Leistungskraft wirkte sich auch auf die Währungen der beiden Länder aus. Je deutlicher der wirtschaftliche Vorsprung der Bundesrepublik wurde, desto mehr erblickte Frankreich in der Währungspolitik einen Hebel deutscher Hegemonie. Bereits im System von Bretton Woods, das auf feste Wechselkurse mit dem Dollar als Leitwährung zielte, war der französische Franc dreimal ab- und die D-Mark zweimal aufgewertet worden. Damit bewahrte Frankreich zwar seine internationale Wettbewerbsfähigkeit, erlitt aber einen schmerzhaften Prestigeverlust. Der Trend verschärfte sich nach dem Zusammenbruch von Bretton Woods 1973 in den beiden auf die Europäische Gemeinschaft beschränkten Wechselkursverbünden der Währungsschlange und des EWS, denn dort etablierte sich die D-Mark als Leitwährung. Die Bundesbank bestimmte die Richtlinien der Geldpolitik nicht nur für die Bundesrepublik, sondern auch für die anderen Mitgliedsländer, deren Zentralbanken den Vorgaben aus Frankfurt folgten.

Es lag in der Logik der supranationalen Einhegungspolitik, dass Frankreich daran interessiert war, nach Kohle und Stahl auch die D-Mark zu vergemeinschaften und damit die währungspolitische Hegemonie der Bundesbank zu brechen. Der französische Wunsch war keine Reaktion auf die deutsche Wiedervereinigung, sondern schon in den 1980er

---

133 Gespräch des Bundeskanzlers Kiesinger mit Staatspräsident de Gaulle in Paris, 13. März 1969, abgedruckt in: Akten zur Auswärtigen Politik der Bundesrepublik Deutschland (AAPD) 1969, Bd. 1, Dokument 100, S. 377–385, hier S. 377–378.

Jahren erklärtes Ziel der Pariser Politik. Zu Beginn von Mitterrands Präsidentschaft war dessen sozialistisches Experiment schließlich nicht zuletzt daran gescheitert, dass ihm die Zinspolitik der Bundesbank keinen Spielraum für eine expansive Geldpolitik gelassen hatte. Seither strebte er danach, den Deutschen ihr Machtinstrument zu entwinden. Man müsse zu einer gemeinsamen Währung kommen, erklärte er beispielsweise dem spanischen Premierminister Felipe González 1987, auch wenn die Deutschen in dieser Frage mauerten. Da weder deren diplomatische Macht noch deren Militärmacht auf der Höhe der Wirtschaftsmacht seien, stützten die Deutschen ihre Dominanz allein auf die monetäre Macht.[134]

Welche Rolle der Zusammenbruch der DDR für den Erfolg von Mitterrands Vorhaben spielte, ist umstritten und wird es auch bleiben, bis alle Akten offen liegen. Außenminister Genscher hatte schon 1988 eigene Pläne für eine Währungsunion lanciert. Auch Kanzler Kohl hatte sich das Projekt, nach anfänglichem Zögern, prinzipiell zu eigen gemacht, bevor die friedliche Revolution in Ostdeutschland begann. Es gab aber starke Gegenkräfte in der Bundesbank, im Finanz- und Wirtschaftsministerium, selbst im Auswärtigen Amt und im Kanzleramt, die gern auf Zeit gespielt hätten, um die Einheitswährung auf eine unbestimmte Zukunft zu vertagen. Der Umbruch im Osten erhöhte den Zeitdruck und gab der französischen Diplomatie einen Hebel in die Hand, einen festen Fahrplan für den Weg in die Währungsunion durchzusetzen.

---

134 Siehe Jacques Attali: Verbatim, Bd. 2: Chronique des années 1986–1988, Paris 1995, S. 378–380.

Zudem gewann Kohl in den entscheidenden Wochen um die Jahreswende 1989/90 den Eindruck, ohne Zugeständnisse drohe eine Isolation Deutschlands in Europa, möglicherweise auch eine französische Blockade bei den anstehenden 2+4-Verhandlungen. Bei allem Enthusiasmus für die europäische Einigung war Kohl sich bewusst, dass sein Entgegenkommen in der Währungsfrage gegen traditionelle deutsche Positionen verstieß. Er habe seine Entscheidung »gegen deutsche Interessen« getroffen, sagte er dem amerikanischen Außenminister James Baker drei Tage nach dem entscheidenden EG-Gipfel in Straßburg im Dezember 1989. Aber der Schritt sei politisch wichtig gewesen, weil Deutschland Freunde brauche.[135]

Die gegenwärtige Krise hat diese Überlegung als Trugschluss entlarvt. Statt durch die Aufgabe der D-Mark Freunde zu gewinnen, sieht sich Deutschland in Europa Feindseligkeit und Misstrauen gegenüber, wie zu keinem Zeitpunkt seit dem Ende des Zweiten Weltkriegs. Die Politik der Einbindung und Selbsteinbindung Deutschlands stößt an ihre Grenzen – nicht durch bösen Willen, sondern weil dem Dilemma der deutschen Größe durch diese Form der Europäisierung nicht beizukommen ist. Das wahre Problem in der Europäischen Gemeinschaft, hat Kohl im Dezember 1989 zum amerikanischen Präsidenten Bush gesagt, bestehe darin, »dass die Schere der Wirtschaftskraft zwischen der Bundesrepublik Deutschland und den anderen EG-Ländern sich immer weiter öffne. Alle hätten jedoch

---

135 Gespräch zwischen Bundeskanzler Kohl und US-Außenminister James Baker am 12.12.1989, in: Deutsche Einheit. Sonderedition aus den Akten des Bundeskanzleramtes 1989/90. Dokumente zur Deutschlandpolitik. München 1998, S. 638.

einen Vorteil davon, weil die Bundesrepublik Deutschland immer mehr zahle«.[136]

Kohls Zustimmung zur Währungsunion hat das deutsche Dilemma nicht gelöst, sondern verschlimmert. In gewisser Weise haben sich in diesem Punkt die Sorgen der britischen Premierministerin Margaret Thatcher bewahrheitet. Thatcher hatte schon Anfang der 1990er Jahre gewarnt, ein nach den Vorstellungen Kohls und Mitterrands vereintes Europa mit einer gemeinsamen Währung »würde den Einfluß eines vereinigten Deutschlands erhöhen und nicht begrenzen«. Es sei wahrscheinlich, dass Deutschland in einem solchen Gebilde die Führungsrolle einnehmen würde. Denn das wiedervereinigte Deutschland sei »schlichtweg viel zu groß und zu mächtig, als daß es nur einer von vielen Mitstreitern auf dem europäischen Spielfeld wäre«.[137]

Angela Merkels Politik der kleinen Schritte potenziert das Problem weiter. Sie setzt die idealistische Überhöhung der Währungsunion fort, indem sie Europa mit dem Euro identifiziert: »Scheitert der Euro, dann scheitert Europa.« Zugleich bekennt sie sich jedoch zu der Maxime, keine deutschen Finanzhilfen zu gewähren, ohne damit die Forderung nach Strukturreformen in den Schuldnerländern zu verbinden. Auf diese Weise ist sie in einen klassischen Zielkonflikt geraten: Auf der einen Seite erklärt die Kanzlerin den Euro zur Existenzfrage Europas. Dadurch hat sie das

---

136 Gespräch zwischen Bundeskanzler Kohl und US-Präsident George Bush am 3.12.1989, in: Deutsche Einheit. Sonderedition aus den Akten des Bundeskanzleramtes 1989/90. Dokumente zur Deutschlandpolitik. München 1998, S. 603.
137 Margaret Thatcher: Downing Street No. 10. Die Erinnerungen. Düsseldorf 1993, S. 1085, 1095.

Schicksal des Kontinents an den Zusammenhalt der Währungsunion gekoppelt. Diese Sichtweise ist unlogisch und unhistorisch, denn natürlich würde es Europa auch nach einem Scheitern des Euro – oder dem Austritt einzelner Länder aus dem Währungsverbund – geben.[138] Die Position ist aber vor allem auch kontraproduktiv, da sie die deutsche Politik um jeden Preis an den Erhalt der Einheitswährung in ihrer jetzigen Zusammensetzung kettet. Damit kann Deutschland die Schuld am »Ende Europas« zugeschoben werden, wenn die Bundesregierung irgendwann einmal nicht mehr zu weiteren Garantien, Krediten und Hilfszahlungen bereit sein sollte.

Auf der anderen Seite knüpft Angela Merkel den deutschen Beistand für die Schuldnerstaaten an konkrete Konditionen, mit denen sie ihre Vorstellungen von der Krisenlösung durchsetzen möchte. Vor diesem Hintergrund fürchten die anderen Europäer heute nicht mehr wie früher das Diktat der Bundesbank bei der Festlegung der Zinssätze. Sie fühlen sich um politische Kernkompetenzen betrogen und der demokratischen Selbstbestimmung in ihrer Wirtschafts- und Sozialpolitik beraubt. Deutschland habe sich zur Hegemonialmacht des Kontinents aufgeschwungen, heißt es deswegen in anderen Ländern immer öfter, zumindest sei es im Begriff, dies zu tun. Der luxemburgische Außenminister Jean Asselborn warf der Bundesregierung im Lichte des Zypern-Debakels »Hegemoniestreben« vor. Die britische Boulevardzeitung *Daily Mail* schrieb über »Deutschlands wirtschaftliche Kolonisierung Europas«. Das französische Wirt-

---

138 So auch Kurt Biedenkopf: Europa hängt nicht am Euro, in: FAZ vom 24. November 2012.

schaftsmagazin *Challenges* warnte vor einem »deutschen Europa«.[139]

Meist steht dabei der Vorwurf im Mittelpunkt, die von der Bundesregierung verordnete Austeritätspolitik richte in den betroffenen Ländern verheerende Schäden an. Deutschland habe der Eurozone den Krieg erklärt, behauptete der *Times*-Kommentator Anatole Kaletsky.[140] Die Zeitschrift *New Statesman*, die der Labour Party nahesteht, setzte die deutsche Kanzlerin unter der Überschrift »Angela Merkels Austeritätsmanie zerstört Europa« als Verderben bringenden Terminator auf sein Titelblatt.[141] Der spanische Schriftsteller Javier Cercas warnte, die ökonomischen Bedingungen, die Kanzlerin Merkel seinem Land aufzwinge, seien unerfüllbar und brächten Gefühle des Grolls und der Demütigung hervor, »vergleichbar jenen, die in Deutschland durch die von den Siegermächten des Ersten Weltkriegs diktierte Wirtschaftsordnung hervorgerufen wurden«.[142]

Besonders prominent verficht der deutsche Soziologe Ulrich Beck die These von der deutschen Vormacht in Europa. Das »deutsche Europa«, vor dem Thomas Mann 1953 gewarnt habe, sei Wirklichkeit geworden. Im Angesicht des möglichen Zusammenbruchs der Gemeinschaftswährung sei die Wirtschaftsmacht Deutschland in die Position der entscheidenden politischen Großmacht Europas »hinein-

139 Vgl. Klaus-Dieter Frankenberger: Sündenbock Deutschland, in: FAZ vom 27. März 2013; Germany's economic colonisation of Europe, in: Daily Mail vom 8. November 2011; Challenges, vom 24. November 2011.
140 Anatole Kaletsky: Germany has declared war on the eurozone, in: The Times vom 23. November 2011.
141 Mehdi Hasan: Angela Merkel's mania for austerity is destroying Europe, in: New Statesman vom 20. Juni 2012.
142 Javier Cercas: Die Walküre, in: FAZ vom 2. Juli 2012.

geschlittert«.[143] Beck macht für diese Entwicklung vor allem die machiavellistische Machtpolitik Angela Merkels verantwortlich. Mit der Methode des »Merkiavellismus« zwinge sie dem Rest Europas die deutsche Sparpolitik auf. Der Aufstieg Deutschlands zur Hegemonialmacht in Europa werde auf diese Weise vorangetrieben und zugleich verdeckt.

Auf der anderen Seite mehren sich jedoch auch Stimmen, die kritisieren, Deutschland tue nicht genug, um seine Führungsaufgaben in Europa wahrzunehmen. Der polnische Außenminister Radoslaw Sikorski wandte sich im November 2011 mit einem Appell an die Bundesregierung: Deutschland müsse Europa helfen, zu überleben und sich zu entfalten, weil niemand sonst das könne. Bei der Rettung der Eurozone sei Deutschland die »unverzichtbare Nation«, und die anderen Staaten hätten nichts mehr zu fürchten als »deutsche Untätigkeit« bei der Vergemeinschaftung der Schulden.[144]

Der Konstanzer Staatsrechtler Christoph Schönberger sieht Deutschland als neue Hegemonialmacht Europas, auch wenn sich dessen politische Eliten und Öffentlichkeit so verhielten, als gelte es, »eine unendliche Friedensdividende zu verzehren und sich von den Händeln dieser Welt so weit wie möglich fernzuhalten«.[145] In Schönbergers Augen muss Deutschland die Pflichten einer föderativen Hegemonialmacht übernehmen, um ein Auseinanderbrechen der EU zu verhindern. Denn Frankreich sei aufgrund seiner schwie-

---

143 Ulrich Beck: Das deutsche Europa. Berlin 2012, S. 7, 10.
144 Vgl. FAZ vom 29. November 2011.
145 Christoph Schönberger: Hegemon wider Willen. Zur Stellung Deutschlands in der Europäischen Union, in: Merkur 752 (Januar 2012), S. 1–8, hier S. 1.

rigen Wirtschaftslage kaum noch imstande, eigenen Gestaltungswillen zu entfalten.[146] Von einer europäischen Hegemonialmacht erwartet Schönberger, dass sie über ihre eigene Vorstellungswelt und Interessenlage hinauswächst und eine Perspektive für die gesamte Union entwickelt. Die Bundesrepublik aber verfahre in ihrer Rettungspolitik ohne einen hinreichenden Blick auf die Interessenlage und Situation der Partnerländer, ohne eine europäische Strategie, die über ihr nationales ökonomisches Interesse hinausreiche.

In Wirklichkeit ist Deutschland nicht zur Hegemonialmacht Europas geworden, auch nicht zu einem »Hegemon wider Willen«, wie Schönberger annimmt. Eine deutsche Vormacht würde nicht nur an den europäischen Verträgen scheitern, sondern mehr noch am Widerstand der anderen europäischen Staaten, zumal Frankreichs und Großbritanniens. Umgekehrt erscheinen aber auch ein »integratives Gleichgewicht« und eine »gemeinsame Führung« mit Frankreich, wie sie dem Kölner Politikwissenschaftler Werner Link als Alternative vorschweben, unter den Bedingungen der Eurokrise kaum noch realisierbar.[147] Deutschland hat vielmehr im Euroraum wieder jene halbhegemoniale Stellung inne, die schon die Lage des Bismarckreiches in Europa kennzeichnete. Einerseits ist es zu stark, um sich in die Institutionen der Währungsunion einzufügen, und zu mächtig, um dort als Gleicher unter Gleichen zu agieren. Andererseits aber, das wird zunehmend deutlich, ist das Land

---

146 Ders.: Nochmals: Die deutsche Hegemonie, in: Merkur 67 (Januar 2013), S. 25–33, hier S. 28.
147 Werner Link: Integratives Gleichgewicht und gemeinsame Führung. Das europäische System und Deutschland, in: ebd. 762 (November 2012), S. 1025–1034.

auch zu schwach, um im Rest der Eurozone die deutsche Politik durchzusetzen. Vor allem wird es nicht gelingen, anderen Ländern dauerhaft eine nachhaltige Haushaltspolitik aufzuzwingen, die deren politischen und ökonomischen Traditionen und Mentalitäten widerspricht.

Zusammen mit der halben Hegemonie in Europa ist ein anderes unliebsames Relikt der Vergangenheit zurückgekehrt. Immer öfter finden sich deutsche Vertreter in Beratungen und bei Entscheidungen auf europäischer Ebene isoliert: seien es die Vertreter der Bundesbank im EZB-Rat oder die Kanzlerin im Europäischen Rat der Staats- und Regierungschefs. Vor dieser Entwicklung hatten Kritiker des Euro schon in den 1990er Jahren gewarnt. Der Versuch, schrieb Arnulf Baring bereits damals, Deutschlands mögliche Ausgrenzung durch eine europäische Währungsunion zu verhindern, könne paradoxerweise gerade wegen der Heftigkeit und Hartnäckigkeit scheitern, mit der sich der Bundeskanzler dieses ursprünglich französische Projekt zu eigen gemacht habe. Denn infolge seines Drängens und wegen der Stabilitätspolitik der Bundesbank erscheine es mehr und mehr als deutsches Projekt. Deswegen nehme der Widerstand anderer europäischer Staaten antideutsche Untertöne an. Der Kanzler drohe damit gerade das herbeizuführen, was er unbedingt vermeiden wolle: »eine Isolierung Deutschlands«.[148]

Mittlerweile hat sich diese Prognose bewahrheitet. Man muss sich nur die Umstände in Erinnerung rufen, unter de-

---

148 Arnulf Baring in Zusammenarbeit mit Dominik Geppert: Scheitert Deutschland? Abschied von unseren Wunschwelten, Stuttgart 1997, S. 122.

nen zunächst Axel Weber mit seinem Rücktritt als Bundesbankpräsident aus dem Rat der Europäischen Zentralbank und später Jürgen Stark als Chefvolkswirt aus dem Direktorium der EZB ausgeschieden sind. Beide hatten vergeblich auf der Geltung des Maastricht-Vertrages beharrt und sich dagegen gewehrt, dass die EZB Anleihen der europäischen Schuldenstaaten aufkaufte, um ihnen zu verbesserten Kreditkonditionen zu verhelfen. Weber und Stark standen mit dieser Position in der EZB allein. Jens Weidmann, der Weber im Mai 2011 als Präsident der Bundesbank nachfolgte, ist es seither nicht besser ergangen. Als die EZB im August 2012 die zwischenzeitlich ausgesetzten Anleihekäufe gegen den erbitterten Protest der Bundesbank wieder aufnahm, wurde Weidmanns Isolation im Zentralbankrat sogar öffentlich gemacht, was den üblicherweise äußerst diskreten Gepflogenheiten der EZB krass widersprach. Damit war aller Welt deutlich vor Augen geführt, dass die Position der Bundesbank, die noch 15 Jahre zuvor die europäische Geldpolitik mehr oder weniger im Alleingang bestimmt hatte, in der EZB nichts mehr zählte.

Nicht nur der Bundesbankpräsident ist im Rat der EZB isoliert. Auch die Kanzlerin wirkt im Europäischen Rat inzwischen oft genug recht einsam. Die Bundesregierung steht mit ihrer Strategie der Krisenbewältigung durch Schuldenbegrenzung innerhalb der Eurozone mittlerweile allein auf weiter Flur. Die Partner in Paris, Rom, Athen oder Madrid verfolgen gemeinsam andere Pläne. Auch die Kommission in Brüssel distanziert sich immer unverhohlener von der deutschen Position.

Als die Bundesregierung in den 1990er Jahren die D-Mark in der europäischen Gemeinschaftswährung aufgehen ließ, geschah das in der optimistischen Annahme, auf diesem Wege werde die Stabilität der deutschen Währung und der Geldpolitik der Bundesbank in den Euroraum exportiert. Damit schienen die beiden wichtigsten Ziele der deutschen Nachkriegspolitik wunderbar miteinander in Einklang gebracht: stabile Finanzen und europäische Integration sollten einander ergänzen. Zwei Jahrzehnte später ist das Gegenteil Wirklichkeit geworden. Finanzielle Solidität und europäische Einigung befinden sich erstmals in der deutschen Nachkriegsgeschichte miteinander in Widerspruch. Statt eine stabile Währung zu exportieren, hat die Bundesrepublik die Folgewirkungen geldpolitischer Schwäche von ihren europäischen Nachbarn importiert. Statt mit der Aufgabe der D-Mark die europäische Einigung unumkehrbar zu machen, ist mit dem Euro der Fortgang des Integrationsprozesses so ernsthaft wie nie zuvor in Frage gestellt. Statt mit der Währungsunion ein für alle Mal aus den Zwängen der halben Hegemonie und der drohenden Isolierung zu entkommen, stellen sich die Fragen von Vormacht und Ausgrenzung Deutschlands in Europa heute in verschärfter Form.

Keine der bislang diskutierten Strategien zur Rettung der Währungsunion wird Deutschland aus dieser Zwangslage befreien. Setzt sich die Bundesregierung, was unwahrscheinlich genug ist, mit ihren im Fiskalpakt formulierten Forderungen nach strikter Haushaltsdisziplin und schmerzhaften Strukturreformen zumal in den südeuropäischen Ländern durch, werden von dort dauerhaft Proteste gegen ein deutsches Diktat und eine neo-imperiale Politik Berlins zu hören sein. Obsiegen umgekehrt, wonach es immer mehr aussieht, jene Kräfte, die ein noch stärkeres finanzielles Engagement der Bundesrepublik fordern, etwa durch ungebremsten

140

Kauf von Staatsanleihen der Krisenländer seitens der EZB, durch die Europäisierung der nationalen Schulden mittels Eurobonds, durch immer neue Wachstumsprogramme, durch eine Bankenunion oder über Kredite des ESM, dann werden die Transfers innerhalb der Währungsunion Ausmaße annehmen, die keine Bundesregierung dem deutschen Sparer und Steuerzahler mehr begreiflich machen kann.

Die deutsche Geschichte, darauf hat David Marsh zu Recht hingewiesen, ist seit mindestens 150 Jahren von einer gefährlichen Diskrepanz zwischen Wahrnehmung und Wirklichkeit geprägt.[149] Das Land hat in Phasen scheinbarer Schwäche oft erstaunliche Regenerationskraft besessen. Nach dem Ersten Weltkrieg mutierte es innerhalb von nur zwei Jahrzehnten vom besiegten und teilweise besetzten Kriegsverlierer zum bis an die Zähne bewaffneten Aggressor. Nach 1945 gelangen in seinem Westteil trotz Kriegszerstörung, staatlicher Teilung und Souveränitätsverlust ein veritables Wirtschaftswunder und eine erstaunlich rasche politische Rehabilitierung. In den ersten Jahren des 21. Jahrhunderts verwandelte sich das wiedervereinigte Deutschland in kurzer Zeit vom ökonomischen Auslaufmodell zum bewunderten Vorbild.

Umgekehrt litt das Land gerade in Zeiten, wenn die Nachbarn es für unerträglich stark hielten, oft an verborgenen Schwächen und einer Überschätzung der eigenen Möglichkeiten. Das wirtschaftlich aufstrebende und militärisch präpotente Kaiserreich war wegen seiner regionalen Frag-

---

149 Siehe hierzu und zum Folgenden David Marsh: Beim Geld hört der Spaß auf. Warum die Eurokrise nicht mehr lösbar ist, Wien u. a. 2013, S. 163–164.

mentierung, seiner sozialen Gegensätze und weltanschaulichen Antagonismen ein viel fragileres Gebilde als es von außen schien. Nach 1990 sahen ausländische Beobachter bereits ein »Viertes Reich« entstehen; in Wirklichkeit durchlebten die Deutschen eine Periode der Ermattung, nicht zuletzt weil die innere Integration des vierzig Jahre geteilten Landes komplizierter, langwieriger und kostspieliger war als erwartet.

Gegenwärtig droht erneut eine Überspannung der finanziellen, demographischen und politischen Ressourcen Deutschlands. Wenn unsere Kinder und Enkel die Rechnungen nicht nur des eigenen Landes, sondern auch die anderer Staaten begleichen müssen, überdehnen wir unsere Wirtschaftskräfte und gefährden unsere Demokratie. Schon heute ist immer schwieriger vermittelbar, dass in Deutschland eine Rente mit 67 beschlossen und bereits eine Rente mit 70 diskutiert wird, während einige andere Länder keine vergleichbaren Anstrengungen unternehmen. Das lange vorgebrachte Argument, die Deutschen seien eben reicher und könnten daher auch größere Lasten schultern, ist durch eine von der EZB im April 2013 veröffentlichte Studie über die Vermögensverteilung im Euroraum schwer erschüttert worden.[150]

Gleichgültig, wie man zu einzelnen methodischen Details der Erhebung steht, am Befund, dass die durchschnittlichen Privatvermögen in zahlreichen südeuropäischen Schuldenstaaten höher sind als in vielen Gläubigerländern des Nordens, ist kaum zu rütteln. Wenn man die mittleren Haushaltsvermögen zum Maßstab nimmt, liegt Deutschland in

---

150 FAZ vom 10. April 2013.

dieser Statistik – teils wegen der beiden Weltkriege und der darauf folgenden Geldentwertungen, teils durch die Kosten der Wiedervereinigung, teils auch weil es hierzulande weniger Immobilienbesitz und mehr Mietverhältnisse gibt – ganz am unteren Ende der Skala. Wollte man unter diesen Umständen einen Euroländerfinanzausgleich durchsetzen, schrieb der Herausgeber der FAZ, Holger Steltzner, dann müssten »die von ihren Finanzämtern geschröpften Deutschen, Franzosen, Niederländer, Österreicher oder Finnen für die Staatsschulden unsolider Euroländer einstehen, ohne so reich zu sein wie Italiener, Spanier, Belgier, Malteser oder Zyprer«.[151]

Angesichts derartiger Schieflagen wird sich auf Dauer kaum verschleiern lassen, dass die deutsche Europapolitik, die momentan noch von allen im Bundestag vertretenen Kräften jenseits der extremen Linken mitgetragen wird, gegen zentrale Überzeugungen der vier etablierten Parteien verstößt. Kein Sozialdemokrat kann schlüssig begründen, was an der Rettungspolitik sozial gerecht ist. Die Grünen dürften große Schwierigkeiten haben, die Maßnahmen mit dem Prinzip der Nachhaltigkeit in Einklang zu bringen. Politik aus christlicher Verantwortung und den Gedanken der Subsidiarität stellen sich die meisten Christdemokraten sicher anders vor. Und kaum ein Liberaler wird auch nur Spuren marktwirtschaftlicher Ordnungspolitik im aktuellen Krisenmanagement entdecken können.

Folgerichtig wird die Währungsunion fast nur noch mit der normativen Kraft des Faktischen begründet. Es gehört

---

151 Holger Steltzner: Reiche Zyprer, arme Deutsche, in: FAZ vom 11. April 2013.

nicht viel Phantasie dazu, sich vorzustellen, wie unter derartigen Umständen »Maastricht« in der deutschen Öffentlichkeit einmal einen ähnlichen Klang annehmen könnte wie einst »Versailles«. Einen möglichen Vorgeschmack lieferte in den 1990er Jahren Jörg Haiders Diktum, Maastricht sei die Fortsetzung von Versailles, nur ohne Krieg. Der FPÖ-Politiker hatte damit eine Bemerkung des damaligen Chefredakteurs der französischen Tageszeitung *Le Figaro* aufgegriffen, Maastricht sei »Versailles sans guerre«.[152] Wenn sich dieser Eindruck nicht nur in Österreich und Frankreich, sondern auch in Deutschland festsetzte, hätte sich mit dem Bemühen, die deutsche Frage über die europäische Währungsunion zu lösen, ein Teufelskreis geschlossen.

152 Franz-Olivier Giesbert: De Versailles à Maastricht, in: Le Figaro vom 18. September 1992.

8.
Frankreichs vergeblicher Führungsanspruch

Nicht nur die deutschen Erwartungen an die europäische Währungsunion werden enttäuscht. Auch die französische Rechnung geht nicht auf. Frankreich verlangt währungspolitische Gleichberechtigung. Das verträgt sich nicht mit der deutschen Erwartung, die Stärke der deutschen Wirtschaft und die Erfolgsbilanz der Bundesbank rechtfertigten deutsche Standards für die europäische Währungsunion. Die Spannungen, die aus diesem Widerspruch erwachsen, sind mit dem Amtsantritt des neuen sozialistischen Präsidenten François Hollande noch spürbarer geworden als zu Zeiten der Konservativen Nicolas Sarkozy oder Jacques Chirac.

Das zentrale französische Interesse in der Europapolitik hat sich dabei seit de Gaulles Zeiten nicht grundsätzlich geändert. Paris will die politische Führung Frankreichs in Europa und den französischen Einfluss in der Welt mit Hilfe eines von den nationalen Regierungen gelenkten, geographisch auf den Westen und Süden des Kontinents ausgerichteten europäischen Verbundes bewahren. Die Erschaffung Europas, schrieb Jacques Delors in einem Buch mit dem bezeichnenden Titel *La France par l'Europe*, sei ein Weg, die Bewegungsfreiheit zurückzugewinnen, die für »une certaine idée de la France« notwendig erscheine. Die Formel von der bestimmten Idee Frankreichs griff dabei nicht zufällig die berühmte Formulierung aus den Kriegserinnerungen General de Gaulles auf.[153]

Unter diesen Vorzeichen war Frankreich traditionell für die europäische Integration, soweit sie die deutsche Wirtschaftsmacht und Finanzkraft einband und solange sie die nationale Souveränität Frankreichs in der Außen- und Sicherheitspolitik nicht in Frage stellte. Ein Problem dieser Konzeption bestand darin, dass spätestens seit Mitte der 1950er Jahre die Wirtschaftskraft der Bundesrepublik wuchs, während die Insignien der politischen Vorherrschaft Frankreichs allmählich verblassten. Schließlich, so hat der britische Historiker Tony Judt bemerkt, beruhte die französische Hegemonie in den Angelegenheiten Westeuropas bald nur noch »auf einer nuklearen Waffe, die das Land nicht benutzen konnte, einer Armee, die es innerhalb der Grenzen des Kontinents nicht aufmarschieren lassen konnte, und einem internationalen politischen Rang, der weitgehend aus der Großzügigkeit der drei Siegermächte nach dem Zweiten Weltkrieg erwachsen war«.[154]

Vor diesem Hintergrund sollten deutsche Machtmittel, wie die Kohle- und Stahlindustrie, später die Bundesbank, europäisch kontrolliert werden. Französische Machtmittel hingegen blieben in nationaler Verantwortung. Der französische Sitz im Sicherheitsrat der Vereinten Nationen oder die Atomstreitmacht der *Force de frappe* stehen bis heute

---

153 Charles de Gaulle: Mémoires de guerre. Paris 1954. S. 1; Jacques Delors: La France par l'Europe. Paris 1988, S. 60.
154 Tony Judt: Europa: Die große Illusion, in: Merkur 50 (1996), S. 993–1005.

nicht zur Disposition. Die D-Mark als »Deutschlands Atombombe«, wie Mitterrand es 1988 vor dem französischen Ministerrat formuliert hatte, sollte hingegen europäisiert werden. Darin bestand seit den 1980er Jahren ein wesentliches Ziel der französischen Deutschland- und Europapolitik.[155]

Welche politische Sprengkraft die Rolle der Bundesbank in der europäischen Währungspolitik nach der deutschen Wiedervereinigung erlangt hatte, wurde in den Turbulenzen der Jahre 1992 und 1993 deutlich. Damals lief in Deutschland die Wirtschaft nach der Vereinigung auf Hochtouren und machte eine Politik des hohen Zinses notwendig. Gleichzeitig verschlimmerte dieser hohe Zins jedoch die Konjunkturschwächen in anderen Ländern des EWS, die an die Zinspolitik der Bundesbank gekoppelt waren. Großbritannien, Spanien, Italien und Portugal sahen sich im Herbst 1992 nach massiven Spekulationen gegen ihre Währungen gezwungen, aus dem Verbund auszuscheiden. Frankreich konnte ein halbes Jahr später nur deswegen im EWS bleiben, weil die Spannbreiten der Wechselkurse drastisch ausgeweitet wurden.

Für Großbritannien und Frankreich brachte diese Episode einen schmerzhaften Prestigeverlust mit sich. Wie 1956 in der Suez-Krise der machtpolitische Abstieg der beiden Weltmächte deutlich geworden war, so enthüllte die Krise der Jahre 1992/93 die währungspolitische Schwäche des britischen Pfunds und des französischen Franc. Ähnlich wie 1956 zogen die beiden Länder daraus diametral

---

155 Jacques Attali: Verbatim, Band 3: Chronique des années 1988–1991, Paris 1995, S. 74.

entgegengesetzte Konsequenzen. Seinerzeit hatte Großbritannien beschlossen, sich in keinem großen Konflikt mehr gegen die USA zu stellen, während Frankreich ganz auf die europäische Karte setzte. Anfang der 1990er Jahre stand für die Briten fest, dass sie nie wieder die Kontrolle über die eigene nationale Währung verlieren durften. Der Beitritt zu einer europäischen Währungsunion schied für sie auf unabsehbare Zeit aus. Die französische Schlussfolgerung war genau umgekehrt. Sie setzten erneut auf Europa. Da man sich in Zukunft nicht mehr dem Diktat der Bundesbank beugen wollte, durfte die Errichtung einer Währungsunion auf keinen Fall stecken bleiben. Die D-Mark musste europäisch gebändigt, die Entstehung des Euro forciert werden.

Um dieses Ziel zu erreichen, akzeptierte die französische Politik, dass im Maastricht-Vertrag zunächst die deutsche Konzeption der Währungspolitik festgeschrieben wurde. Wie die Bundesbank war auch die neue Europäische Zentralbank allein der Geldwertstabilität verpflichtet und sollte von politischer Einflussnahme frei gehalten werden. Solange die amtlichen Akten nicht offen liegen, wird man nicht mit Sicherheit entscheiden können, ob dieses Einverständnis auf Dauer angelegt war, weil sich auch in Frankreich die Einsicht in die Vorzüge autonomer Notenbanken durchgesetzt hatte, oder ob es eher taktischer Natur war und unter dem Vorbehalt künftiger Änderungen stand, sobald es die Umstände erlauben würden. Der britische Premierminister John Major hielt die zweite Alternative für wahrscheinlicher. Er zitierte in der Unterhausdebatte über den Maastricht-Vertrag den amerikanischen General und späteren Präsidenten Dwight D. Eisenhower mit der Bemerkung, französische

Unterhändler zögen es bisweilen vor, erst zu unterschreiben und dann zu diskutieren.[156]

Tatsächlich hat die französische Diplomatie seit der Unterzeichnung des Maastricht-Vertrages daran gearbeitet, die Vertragsbedingungen der Währungsunion im Sinne der eigenen Vorstellungen nachzubessern, wenn nicht sogar von Grund auf zu verändern. Schon im Vorfeld des französischen Referendums zum Maastricht-Vertrag im Jahr 1992 hatte Mitterrand der französischen Öffentlichkeit in einer Fernsehansprache versichert, die europäische Währungspolitik werde – anders als im Vertragstext festgeschrieben – nicht unter Weisung von europäischen Zentralbankern, sondern unter politischer Aufsicht stehen. Demzufolge würde die europäische Währungspolitik weniger auf Inflationsbekämpfung als auf die Bekämpfung von Arbeitslosigkeit gerichtet sein.[157] Die schleichende Umwandlung der Währungsunion gemäß französischen Vorstellungen vollzog sich in mehreren Etappen. Auf dem Treffen des EU-Ministerrats in Dublin im Dezember 1996 betonte man, Wirtschaftswachstum sei neben der Preisstabilität ein explizites Ziel der zukünftigen Währungspolitik in einer Währungsunion. Zudem wurde über die Einrichtung eines Stabilitätsrats auf Ministerebene beraten, der als politisches Gremium eine Ergänzung und ein Gegengewicht zur EZB darstellen sollte.

Der Gipfel von Amsterdam im Juni 1997 fügte dem Maastricht-Vertrag ein Kapitel hinzu, das die Schaffung von Arbeitsplätzen als gleichrangiges Ziel neben der Preisstabi-

---

156 John Major im Unterhaus am 18. Dezember 1991. Hansard, Parliamentary Debates, Band 201, Sp. 276.

157 Siehe hierzu und zum Folgenden Martin Feldstein: EMU and International Conflict, in: Foreign Affairs 76 (1997), S. 63.

lität festschrieb. Viele Äußerungen der in Amsterdam anwesenden Politiker deuteten auf einen Kurswechsel in Richtung einer stärker von den Regierungen gelenkten Geldpolitik hin. Der Maastricht-Vertrag hatte die Verantwortlichkeit über die Wechselkurspolitik zwischen der EZB und dem EU-Finanzministerrat (ECOFIN) aufgeteilt, dabei aber auf eine eindeutige Zuweisung der jeweiligen Kompetenzen verzichtet. In Amsterdam hingegen zeichnete sich eine Verschiebung der Verantwortlichkeit für den Wechselkurs zugunsten eines politischen Gremiums ab, nämlich des Rates der Finanzminister. Die deutschen Unterzeichner von Maastricht hatten beabsichtigt, ECOFIN zwar eine bestimmte Rolle mit Blick auf langfristige grundsätzliche Fragen der Wechselkurspolitik einzuräumen, die entscheidende Kompetenz über kurzfristige Auf- und Abwertungen des Euro aber ausschließlich der EZB zu überlassen. So wurde die in Maastricht festgeschriebene Unabhängigkeit der Geldpolitik schon seit Mitte der 1990er Jahre von französischer Seite Schritt für Schritt unterminiert.

Besonders krass trat der Widerstreit deutscher und französischer Auffassungen im Frühjahr 1998 zutage, als der Posten des ersten EZB-Präsidenten zu besetzen war. Der für die Benennung eines Kandidaten zuständige Verwaltungsrat des Europäischen Währungsinstituts hatte einstimmig den niederländischen Zentralbankpräsidenten Wim Duisenberg vorgeschlagen. Das entsprach den vom Bundesbankmodell übernommenen Regeln einer Auswahl, die nach fachlichen Kriterien getroffen werden sollte und auf die die Politik keinen direkten Einfluss zu nehmen hatte. Der französische Präsident Chirac präsentierte jedoch zur Überraschung der anderen Staats- und Regierungschefs mit Jean-Claude Trichet, dem Präsidenten der Banque de France, einen französischen Gegenkandidaten. Von dieser Personalie ließ er sich nicht abbringen, bis erreicht war, dass Duisenberg in der Mitte seiner offiziellen Amtszeit für Trichet als Nachfolger Platz machen würde.

Die auf Biegen und Brechen durchgefochtene Auseinandersetzung machte deutlich, dass der französische Präsident nicht gewillt war, auf seinen entscheidenden Einfluss bei wichtigen europäischen Personalentscheidungen zu verzichten. Frankreich setzte darauf, dass die EZB, wie andere europäische Institutionen auch, nicht nur – ja, vielleicht nicht einmal in erster Linie – durch rechtliche Regularien, sondern durch die Personen an ihrer Spitze geprägt werden würde. Für den deutschen Bundeskanzler hingegen war der Schulterschluss mit Frankreich letztlich wichtiger als alles andere. Sowohl Rechtsnormen als auch die Kultur der Institutionen seien dem nachgeordnet gewesen, schrieb Kohls Biograph, ebenso die Wünsche der anderen EU-Regierungen und das nationale Interesse Deutschlands. Anders gewendet: Kohl habe das deutsche Interesse als Schicksalsbund zwischen Deutschland und Frankreich interpretiert, bei dem Paris der Vortritt gebührte. Umgekehrt habe Chirac bei dieser Episode demonstriert, dass »der Euro für ihn genauso wie zuvor für Mitterrand nicht primär ein Schritt zum vereinten Europa [war], sondern vielmehr ein Instrument französischer Machtpolitik, um die Dominanz der D-Mark ein für alle Mal zu beseitigen«.[158]

158 Hans-Peter Schwarz: Helmut Kohl. Eine politische Biographie. München 2012, S. 815.

Auch bei der Frage, welche Länder der Währungsunion bei ihrer Gründung angehören sollten, behielten die Franzosen die Oberhand. Die deutsche und auch die niederländische Regierung hätten lieber mit einem kleineren Kreis wirtschaftlich homogener und strukturell stabiler Länder begonnen. Auf einem Sondergipfel der EU im Mai 1998 setzte jedoch die französische Seite durch, dass neben Deutschland, Finnland, Frankreich, Luxemburg, den Niederlanden und Österreich auch Irland, Portugal und Spanien sowie – mit Blick auf die Höhe der Staatsschulden besonders problematisch – Italien und Belgien zum Kreis der Gründungsmitglieder gehören sollten. Damit gab es innerhalb der Eurogruppe von Beginn an ein starkes südeuropäisches Gegengewicht gegen die stabilitätsorientierten Nord- und Mitteleuropäer um Deutschland. Mit der Aufnahme Griechenlands (2001), Maltas und Zyperns (beide 2008) wurde die Südschiene weiter gestärkt.

Den bisherigen Höhepunkt der schleichenden Umwandlung der Währungsunion nach französischen Vorstellungen markierten die dramatischen Verhandlungen in Brüssel am Wochenende vom 7. bis 9. Mai 2010. Damals arbeiteten die Staats- und Regierungschefs zusammen mit ihren Finanzministern ein Hilfsprogramm für Griechenland aus. Es umfasste 500 Milliarden Euro an Hilfsgeldern von den Ländern der Eurogruppe, 60 Milliarden von der EU-Kommission und 250 Milliarden vom Internationalen Währungsfond. Außerdem kündigte EZB-Chef Trichet an, seine Bank werde griechische Staatsanleihen kaufen, um die Zinslast des Landes drücken zu helfen. Mit diesem ersten Rettungspaket für Griechenland, das in Wirklichkeit vor allem ein Rettungsprogramm für französische und britische, in geringerem

Ausmaß auch für deutsche Banken war, verstießen die europäischen Staats- und Regierungschefs zum ersten Mal gegen das im Maastricht-Vertrag festgeschriebene Verbot einer Haftung für überschuldete Staaten.

Ob der Vorstoß seinerzeit zwischen dem französischen EZB-Präsidenten Trichet und Frankreichs Staatspräsident Nicolas Sarkozy abgesprochen war, lässt sich derzeit nicht mit Sicherheit sagen, weil die amtlichen Aufzeichnungen über die Verhandlungen nicht zugänglich sind. Fest steht aber, dass Sarkozy und auch der damalige italienische Ministerpräsident Silvio Berlusconi die Ergebnisse der Krisensitzung als Erfolg ihrer Länder präsentierten. Das Rettungsprogramm trage zu »95 Prozent« die französische Handschrift, erklärte Sarkozy. Berlusconi behauptete, er sei sehr zufrieden mit diesem Abend, Italien und Frankreich hätten sich durchgesetzt.[159] Der Rettungsschirm, erklärte der französische Europaminister Pierre Lellouche wenig später, laufe auf eine fundamentale Veränderung der in der EU geltenden Regeln hinaus. Er sei ein Sprung in Richtung einer Wirtschaftsregierung für die Eurozone.[160]

Im Streit um die Rettungspolitik für überschuldete Staaten und in der damit verbundenen Auseinandersetzung um die Rolle der EZB erlebt die Eurozone einen Kampf der währungs- und fiskalpolitischen Kulturen. Dieses Ringen ist nicht nur ein Mentalitäten-, sondern auch ein Machtkonflikt. Die Position der Bundesbank, die einmal auch die Haltung der Bundesregierung war, befindet sich darin in der Defensive. An die Stelle einer politisch unabhängigen, allein

---

159 Wir haben nur einen Schuss, in: Der Spiegel, vom 17. Mai 2010, S. 82.
160 Interview mit Pierre Lellouche, in: Financial Times vom 28. Mai 2010.

auf die Geldwertstabilität orientierten Institution ist in den Turbulenzen der Krise eine immer stärker in die Finanzierung von in Zahlungsnot geratenen Staaten und Banken involvierte und damit dem Einfluss der Regierungen ausgesetzte Zentralbank getreten. Allen anders lautenden Beteuerungen zum Trotz richtet die EZB ihr Handeln heute an politischen Zielen aus, nicht mehr an der Geldwertstabilität. Sie trägt entscheidend dazu bei, die Schuldnerstaaten vor allem im europäischen Süden vor dem Bankrott zu bewahren. In zunehmendem Maße wird sie in die Fiskalpolitik der einzelnen Mitgliedstaaten verstrickt.

Unter dem Druck der Krise hat sich die Europäische Währungsunion vom deutschen Ordnungsmodell, wie es im Maastricht-Vertrag festgeschrieben worden war, entfernt. Stattdessen hat sie sich der stärker auf Staatsintervention und Nachfragestimulierung setzenden französischen Konzeption einer politisierten Zentralbank, wenn nicht gar dem italienischen Modell der Notenbank als eigentlicher Leiterin einer (inflationstreibenden) Wirtschaftspolitik angenähert. In eine ähnliche Richtung weisen die Pläne, wirtschafts- und fiskalpolitische Kompetenzen auf europäischer Ebene zu bündeln und damit eine Wirtschaftsregierung als Gegengewicht zur Zentralbank zu schaffen, wie sie Paris seit langem vorschwebt.

Frankreichs Dilemma besteht darin, dass die europäische Schuldenkrise einen doppelten Effekt hat. Politisch entwickeln sich die Dinge durchaus in Richtung französischer Ziele. Die Konzeption der europäischen Währungspolitik hat sich französischen Vorstellungen angenähert. Institutionen wie die EZB entsprechen heute stärker französischen Auffassungen als noch vor 2010. Im Rat der EZB befinden sich nicht die Vertreter der *Banque de France*, sondern diejenigen der Bundesbank in einer permanenten Minderheitenposition. Gemeinsam mit Italien, Spanien und den anderen südlichen Mitgliedsländern des Euro kann Frankreich deutschen politischen Vorstellungen wirksam entgegentreten.

Wirtschaftlich hingegen hat die Währungsunion die gegenteilige Wirkung. Frankreich droht den Anschluss zu verlieren. Es habe, so lautet das Fazit im jüngsten Länderbericht des *Economist*, zögerlicher und langsamer als jedes andere europäische Land gehandelt, als es darum ging, den Arbeitsmarkt, das Rentenwesen und die anderen sozialen Sicherungssysteme zu reformieren. Die zum Teil tiefgreifenden und schmerzhaften Änderungen, die in den Niederlanden, Skandinavien und Großbritannien während der 1980er und 1990er Jahre und in Deutschland seit etwa 2000 durchgesetzt wurden, hat Frankreich kaum vollzogen. Anders als in Italien, Spanien, Portugal und Griechenland, wo gegenwärtig unter dem Druck der Krise lange verschleppte Reformen in Gang gesetzt werden, fehlt dort bis heute das Bewusstsein für notwendige Umorientierungen. [161]

Die Strukturprobleme des Landes haben in den beiden Wahlkämpfen des Jahres 2012 eine untergeordnete Rolle gespielt. Nur zögerlich nimmt Präsident François Hollande Veränderungen auf dem Arbeitsmarkt und beim Rentensystem in Angriff. In Frankreich, so scheint es, hat die politische Klasse die Gemeinschaftswährung nicht als Ansporn zu nötigen Veränderungen aufgefasst, sondern als Ersatz für Strukturreformen. Dazu passt, dass unter der Regierung

---

161 Siehe hierzu und zum Folgenden The Economist vom 17. November 2012, S. 3–16, hier S. 4.

von Lionel Jospin 1998 die 35-Stunden-Woche eingeführt wurde. Da die traditionelle Möglichkeit, über Abwertungen Wettbewerbsfähigkeit zurückzuerlangen, in der Währungsunion verbaut ist, wird der Abstand insbesondere zu Deutschland größer, nicht kleiner. Die französischen Staatsausgaben haben mittlerweile 57 Prozent des Bruttoinlandsprodukts erreicht, so viel wie nirgendwo sonst im Euroraum. Die Staatsverschuldung liegt bei 90 Prozent des BIP, Tendenz steigend. Die Sozialabgaben sind so hoch wie in keinem anderen Land der Eurozone. Die Arbeitslosigkeit liegt bei zehn Prozent. Unter den Jugendlichen ist jeder vierte ohne Job; mittlerweile ist es fast zu wenig, von nur einer verlorenen Generation zu reden.

Die Leistungsbilanz, die bei der Einführung des Euro noch leicht im Plus lag, ist inzwischen deutlicher negativ als in allen anderen Ländern mit Euro-Währung. Der Mittelstand in Frankreich ist schwächer als in Deutschland oder etwa auch in Italien. Die Wettbewerbsfähigkeit vieler französischer Unternehmen sinkt, auch weil der Arbeitsmarkt stark reguliert ist und zahlreiche Vorschriften unternehmerische Aktivitäten erschweren. Die verarbeitende Industrie trägt nur noch 11 Prozent zum Sozialprodukt bei, nicht mehr als in Großbritannien, auf das man wegen dessen brutaler Entindustrialisierung lange Zeit herabgeschaut hatte. Unter diesen Defiziten leidet nicht nur die Wettbewerbsfähigkeit französischer Unternehmen, sondern auch die Durchsetzungskraft der französischen Europapolitik. Wenn Präsident Mitterrand gehofft haben mochte, mit Hilfe der Währungsunion Frankreichs Vorrang in Europa zu bewahren, so ist dieser Plan unter seinen Nachfolgern gründlich gescheitert.

Man sollte die deutsch-französischen Beziehungen der Vergangenheit allerdings nicht glorifizieren. Die Frustration französischer Führungsansprüche bei der europäischen Einigung hat eine lange Tradition. Den von Paris ausgehenden Plan einer Europäischen Verteidigungsgemeinschaft besserten die deutschen Unterhändler Anfang der 1950er Jahre in zähem Ringen so lange nach, bis das Verhandlungsergebnis in der französischen Nationalversammlung durchfiel. Die militärische Westintegration der Bundesrepublik gelang anschließend nach britischen, nicht nach französischen Vorstellungen über die NATO. In den 1960er Jahren scheiterten die Fouchet-Pläne für eine auf Regierungszusammenarbeit beruhende Politische Union ebenso wie in der Dekade darauf die von Paris angestoßenen Versuche, zu einer Währungsunion zu gelangen. In gewisser Weise gehören auch die Einheitliche Europäische Akte und der Binnenmarkt in den 1980er und 1990er Jahren zur französischen Enttäuschungsgeschichte. Denn die Initiativen entfalteten eine liberalisierende und deregulierende Dynamik, die weit über das hinausging, was François Mitterrand und auch Jacques Delors für richtig hielten.

Entsprechend konfliktreich verliefen sechzig Jahre lang die Begegnungen der Führungsgestalten beider Länder. Das Verhältnis Adenauers zu de Gaulle war so wenig frei von Interessensgegensätzen wie die Beziehungen Willy Brandts zu Georges Pompidou. Zwischen Helmut Schmidt und Valéry Giscard d'Estaing gab es ebenso Spannungen wie zwischen Kohl und Mitterrand oder Schröder und Chirac. Was die gegenwärtige Situation von anderen turbulenten Phasen der Vergangenheit unterscheidet, ist die inzwischen unübersehbare Verkehrung der Rollen. In de Gaulles Vorstellung kam der Bundesrepublik eine »herausgehobene Junioren-Rolle« zu, wie Karl-Heinz Narjes es formuliert hat.[162] Die Bonner Republik sollte zwar mächtiger sein als die anderen Staaten des europäischen Festlands, aber weniger mächtig als Frankreich. Brandt und Schmidt mussten Pompidou und Giscard schon wegen der französischen Sonderrechte in Berlin und in Bezug auf Gesamtdeutschland den Vortritt lassen. Und von Kohl ist bekannt, dass er es sich auch nach dem Verlöschen dieser Rechte zur Regel machte, »die Tricolore dreimal zu grüßen«.[163] Am Vorabend des Irakkrieges standen Jacques Chirac und das französische Veto im UN-Sicherheitsrat im Zentrum der diplomatischen Auseinandersetzungen, nicht Schröders »deutscher Weg«. In der aktuellen Krise ist das erstmals anders. Heute kommt es zunächst auf die Kanzlerin an und erst in zweiter Linie auf den französischen Staatspräsidenten.

In Frankreich wird dieser Wandel gegenwärtig vor allem der deutschen Regierungschefin angelastet. Mit der Kanzlerin Merkel habe sich der symbolische Ort der deutschen Macht weiter nach Osten verlegt in die windigen Ebenen von Mecklenburg, schrieb kürzlich ein früherer Deutschlandkorrespondent der Zeitung *Le Monde*. Als Tochter eines protestantischen Pastors verkörpere sie »die Rückkehr Preußens an die Schalthebel der Macht in Deutschland«.[164] In Wahrheit hat die Verschiebung eher strukturelle als per-

---

162 Zitiert nach Michael Gehler: Europa. Ideen, Institutionen, Vereinigung. 2. Aufl. München 2010, S. 220.

163 Vgl. Hans-Peter Schwarz: Helmut Kohl. Eine politische Biographie. München 2012. S. 357.

164 Luc Rosenzweig: Das Deutschland unserer Träume, in: FAZ vom 30. April 2013.

sonelle Ursachen. Frankreich besitzt als auf den West- und Südrand des Kontinents beschränkte Regionalmacht nicht mehr die Kraft, das neue nach Norden und Osten erweiterte Europa so zu führen wie einst das karolingische Europa der Sechs.[165] Es verfügt aber noch über genügend Obstruktionspotential, um Deutschland im Euroraum auszumanövrieren und tiefer mit sich in die wirtschaftliche Malaise zu ziehen, wenn man in Berlin nicht die Notbremse zieht.

Statt Deutschlands Wirtschaftsstärke zu nutzen, um die politische Führung Frankreichs zu stabilisieren, hat das französische Projekt der Währungsunion dazu geführt, dass Deutschland sich selbst intensiver um politische Führung bemühen muss, weil es das Fundament der eigenen Wirtschaft und der gemeinsamen Währung zunehmend gefährdet sieht. Das Ergebnis ist der latente Macht- und Interessenskonflikt in der EU, der gegenwärtig zwischen Paris und Berlin ausgetragen wird. Die Zeiten, als Frankreich und die Bundesrepublik gemeinsam die europäische Einigung vorantrieben, sind auf absehbare Zeit vorüber. Der Pomp, mit dem vor einigen Monaten der 50. Jahrestag des Elysee-Vertrages gefeiert wurde, hatte vor diesem Hintergrund etwas vom Pfeifen im dunklen Walde an sich. Auch die deutsch-französische Achse gehört zu den Opfern der Währungsunion.

---

165 Vgl. Steven Philip Kramer: The End of French Europe?, in: Foreign Affairs 85 (2006), S. 126–138.

9.
Das Europa der Zukunft

Die überkommenen historischen Begründungen der europäischen Einigung haben sich in der europäischen Schuldenkrise ins Gegenteil verkehrt. In ihrem gegenwärtigen Zustand schleift die europäische Integration die Nationalismen im Euroraum nicht ab, sie spitzt sie zu. Sie sichert rechtsstaatliche Verfahren und demokratisch legitimierte Entscheidungen nicht, sondern gefährdet sie. Anstatt unsere Sicherheit zu erhöhen, produziert sie Unsicherheit. Sie einigt den Kontinent nicht, sie spaltet ihn: in Länder mit und ohne Euro, in Gläubiger- und Schuldnerstaaten. Die EU hat durch den Euro nicht an politischem Gewicht in der Welt gewonnen. Vielmehr droht sie, dauerhaft Einfluss zu verlieren. Aus deutscher Sicht hat die Währungsunion genau jene Gefahren heraufbeschworen, die man mit Hilfe der europäischen Einigung hinter sich lassen wollte: Isolation und jene halbe Hegemonie, in der sich das Deutsche Reich zu seinem und Europas Unglück vor 1945 immer wieder befunden hat. Die gedeihliche Zusammenarbeit mit Frankreich, die in der Vergangenheit als Triebkraft des Integrationsprozesses funktionierte, befindet sich in einer tiefen Krise. Wenn sich nichts Entscheidendes ändert, lautet die Frage nicht mehr, ob die

Kette der Eurostaaten auseinanderbricht, sondern nur noch wann, wie und an welcher Stelle.

Damit würde freilich nicht zwangsläufig auch Europa scheitern. Unser Kontinent, so haben es EU-Ratspräsident Herman Van Rompuy und Kommissionspräsident José Manuel Barroso in ihrer Nobelpreisrede in Oslo im Dezember 2012 betont, besitze »enorme Fähigkeiten, sich neu zu erfinden«.[166] Es ist daher zu hoffen, dass die Europäer gemeinsam wieder aus der Sackgasse herauskommen, in die sie sich hineinmanövriert haben. Schließlich verlief der Prozess der europäischen Integration auch bisher nicht so geradlinig, wie uns der Mythos Glauben macht. Nur ein Jahr nach dem Scheitern der Europäischen Verteidigungsgemeinschaft 1954 gelang die Aufnahme der Bundesrepublik in Nato und WEU. 1958 traten die Römischen Verträge in Kraft. Auf de Gaulles Politik des leeren Stuhls in den 1960er Jahren folgten die Erweiterungsrunden der 1970er und 1980er Jahre. Die Eurosklerose zwischen 1973 und 1984 wurde von den Integrationsschüben des Binnenmarkts und der Einheitlichen Europäischen Akte abgelöst.

Zu fragen ist jetzt vielmehr, in welcher Richtung eine tragfähige Lösung zu finden ist. Im Prinzip stehen drei Wege zur Auswahl: erstens der verspätete Durchbruch zu den Vereinigten Staaten von Europa, zweitens die Weiterentwicklung der Transfer- und Haftungsunion durch die Zusammenarbeit der nationalen Regierungen oder drittens eine Integration durch Dezentralisierung und Wettbewerb, innerhalb derer sich die Mitgliedsländer in verschiedenen

---

166 Zitiert nach FAZ vom 11. Dezember 2012.

Konstellationen und unterschiedlicher Intensität zur Kooperation bei Teilprojekten der europäischen Einigung zusammentun.[167]

1. Beginnen wir mit dem Für und Wider einer föderalen Lösung, wie sie etwa dem sozialdemokratischen Präsidenten des Europäischen Parlaments, Martin Schulz, dessen christdemokratischem Vorgänger Hans-Gert Pöttering oder dem belgischen Ex-Premier Guy Verhofstadt vorschwebt. Diese Zukunftsvision ist traditionell unter der Flagge der Vereinigten Staaten von Europa gesegelt. Aber auch die Vorschläge für einen europäischen Bundesstaat, eine Föderation von Nationalstaaten oder eine europäische Republik zielen in diese Richtung. Das Gleiche gilt für die meisten Ideen, die unter dem unklaren Begriff der »Politischen Union« diskutiert werden. Die Anhänger dieser Konzeption schöpfen Mut aus Jean Monnets Überzeugung, dass die supranationale Einigung in der Vergangenheit immer gerade in den großen Krisen entscheidend vorangetrieben würde.

Sie hoffen, der Durchbruch zu einem europäischen Bundesstaat mit einem machtvollen Parlament, das eine eigene europäische Exekutive wählt und kontrolliert, würde das demokratische Defizit der EU beseitigen. In diesem Sinne hatte etwa der damalige deutsche Außenminister Joschka Fischer in seiner Berliner Rede »den Übergang vom Staatenverbund der Union hin zur vollen Parlamentarisierung in

---

167 Die Formulierung der »Integration durch Wettbewerb und Dezentralisierung« stammt von dem Publizisten Rainer Hank; siehe Rainer Hank: Solidaritätsverbot. Zur Theorie nationalstaatlicher Souveränität in Europa, in: Merkur 67 (Januar 2013), S. 14–24, hier S. 23.

einer Europäischen Föderation« gefordert.[168] Ein solches Staatswesen könnte jene zentralen Institutionen zur Koordinierung der Wirtschafts- und Fiskalpolitik in den einzelnen Mitgliedsländern bereitstellen, deren Fehlen mittlerweile recht einhellig als wichtige Schwäche der Maastricht-Konstruktion identifiziert worden ist. Auf dieser Linie lag etwa Wolfgang Schäubles Vorschlag, das Amt eines europäischen Währungskommissars zu schaffen, der mit Durchgriffsrechten auf die nationalen Haushalte der Mitgliedsländer ausgestattet sein und deren Sparpolitik überwachen sollte.[169]

Deutlich weiter gehen die Ideen einer europäischen Republik, welche die Politikwissenschaftlerin Ulrike Guérot und der österreichische Schriftsteller Robert Menasse erdacht haben. Wenn sich Europa über die Bankenunion und einen Schuldentilgungsfonds zur Haftungsunion weiterentwickle, so erwarten sie, dann werde auch die gemeinsame Entscheidung über Ausgaben anders organisiert werden müssen. Sonst werde das demokratische Grundprinzip *no taxation without representation* auf europäischer Ebene außer Kraft gesetzt. Euroland als Keimzelle einer europäischen Republik benötigt ihrer Meinung nach ein Eurozonenparlament, das anders als das gegenwärtige Europäische Parlament in Straßburg mit einem Initiativrecht ausgestattet sein sollte. Es benötige eine zumindest anteilige europäische Steuerhoheit und einen Budgetzyklus, der an die Legislaturperiode des Eurozonenparlaments zu koppeln sei. Perspektivisch müssten Eurobonds die Mängel des Euro beheben.

---

168 Rede in der Berliner Humboldt-Universität am 12. Mai 2000, siehe unter http://www.europa.clio-online.de/site/lang_de-DE/ItemID_17/mid_11373/40208215/default.aspx (1. Juni 2013).
169 Vgl. FAZ vom 17. Oktober 2012.

»In der Logik einer europäischen *res publica*«, so Guérot und Menasse, »müssten ferner die Gewinne der gesamteuropäischen Wertschöpfungskette transnational verteilt und dabei eine ökonomische Balance zwischen Zentrum und Peripherie gefunden werden. In dieser Logik würde eine europäische Arbeitslosenversicherung in der Rezession die Wende zu einem europäischen Wohlfahrtssystem erfahrbar machen. Eine solche Versicherung würde identitätsstiftend wirken und den öffentlichen Diskurs wegbewegen von der Fixierung auf ›Nettotransfers‹ zwischen Geber- und Nehmerländern.«[170]

Derartig wirklichkeitsferne Utopien finden bei uns, gerade auch in der politischen Klasse, immer noch Anklang. Sie haben aber außerhalb Deutschlands kaum Befürworter. Im Auswärtigen Amt hingen nicht nur die liberalen Außenminister Hans-Dietrich Genscher, Klaus Kinkel und Guido Westerwelle Plänen eines europäischen Bundesstaates an, sondern, womöglich noch entschiedener, der Grüne Joschka Fischer. In kaum einem anderen europäischen Land jedoch ist – über die Vergemeinschaftung der deutschen Wirtschaftskraft und finanziellen Potenz hinaus – ein Wille zu derartigen Aufbrüchen erkennbar. Als die von Guido Westerwelle ins Leben gerufene »Zukunftsgruppe« einiger EU-Außenminister im September 2012 ihren vorläufigen Abschlussbericht vorlegte, blieben darin die Umrisse einer engeren Politischen Union vage, weil sich die Beteiligten nicht hatten einig werden können. Entsprechend ist der Plan fast ohne jede Resonanz bei den europäischen Regierungschefs

---

170 Siehe hierzu und zum Folgenden Ulrike Guérot und Robert Menasse: Es lebe die europäische Republik!, in: FAS vom 24. März 2013, S. 24.

verhallt. Als Viviane Reding, die Vizepräsidentin der EU-Kommission, jüngst den Versuch unternahm, die Vorstellung einer demokratisch-föderalen Verfassung Europas wiederzubeleben, wusste sie als prominente Unterstützer außerhalb Deutschlands nur Österreichs sozialdemokratischen Altbundeskanzler Alfred Gusenbauer und Daniel Cohn-Bendit zu benennen, der abwechselnd für die deutschen und französischen Grünen im europäischen Parlament sitzt.[171]

Mehrheiten in nationalen Referenden, die für eine Revision des europäischen Vertragswerks notwendig wären, um die Integration in dieser Richtung weiter voranzutreiben, sind unter den gegenwärtigen Umständen undenkbar. In einer Umfrage des Pew Research Center aus Washington äußerten sich im Mai 2013 nur noch 45 Prozent der befragten Deutschen, Franzosen, Briten, Italiener, Spanier, Griechen, Polen und Tschechen positiv über die EU. Nur 28 Prozent von ihnen waren der Ansicht, die ökonomische Integration habe ihre Wirtschaft gestärkt. Außer in Deutschland gab es nirgendwo eine Mehrheit für den Vorschlag, zur Lösung der Krise müssten die Einzelstaaten mehr Kompetenzen an Brüssel abtreten.[172]

Die Erwartung, mit Hilfe des Euro gelinge unter dem Druck der Krise doch noch der verspätete Durchbruch zu irgendeiner Form der Politischen Union, ist vor diesem Hintergrund ohne jede Substanz. Die Monnet-Methode der Integration durch Krisen ist an ihre Grenzen geraten. Monnets Landsmann Charles de Gaulle hat recht behalten. Der

---

171 Viviane Reding: Der neue Bund, FAZ vom 25. Februar 2013, S. 7.
172 Zitiert nach FAZ vom 15. Mai 2013, S. 11.

General hatte schon 1960 festgestellt, die supranationalen Einrichtungen in Europa hätten zwar ihren technischen Wert, aber keine Autorität und politische Wirksamkeit. Solange nichts Ernstliches geschehe, funktionierten sie ohne viele Komplikationen, »doch sobald ein dramatischer Umstand eintritt oder ein großes Problem zu lösen ist, stellt man fest, daß diese oder jene hohe Behörde auf die verschiedenen Nationen ohne Autorität ist und daß nur die Staaten über eine solche verfügen«.[173]

Selbst wenn es, wider alle Wahrscheinlichkeit, in absehbarer Zeit doch noch eine echte Politische Union geben sollte, würden damit die Probleme keineswegs gelöst. Sollte beispielsweise die Europäische Kommission künftig direkt vom Europäischen Parlament gewählt werden, wäre damit noch kein europäisches Staatsvolk geboren. Vielmehr würden in einer derartigen Versammlung die ohnehin schwächer werdenden Bindekräfte der europäischen Parteien weiter ausdünnen. Eine Neugruppierung entlang nationaler Linien wäre zu erwarten, nicht unähnlich dem österreichischen Reichsrat vor 1914 mit seinen Sprachstreitigkeiten und Nationalitätenkonflikten, wo sich sozio-ökonomische und ethnisch-nationale Auseinandersetzungen überlagerten.[174]

Wie ein derartiger Zustand am Anfang des 21. Jahrhunderts aussehen kann, ist in Belgien zu beobachten. Dort haben sich alle großen politischen Parteien entlang der Sprach-

---

173 Charles de Gaulle auf der Pressekonferenz vom 5. September 1960, abgedruckt in: Hans Stercken (Hrsg.): De Gaulle hat gesagt ... Eine Dokumentation seiner Politik. Stuttgart 1967, S.283–284, hier S. 283.
174 Siehe Lothar Höbelt: Parteien und Fraktionen im Cisleithanischen Reichsrat, in: Adam Wandruszka und Peter Urbanitsch (Hrsg.): Die Habsburgermonarchie 1848–1918, Bd. 7,1. Wien 2000, S. 895–1006.

grenzen zwischen Flamen und Wallonen gespalten: die Christdemokraten schon 1968, die Liberalen 1972 und die Sozialisten 1978. Jeder Regierungsbildung gehen langwierige Verhandlungen voraus, bis ein Proporz der verschiedenen Sprachgruppen, Regionen, Provinzen und Kommunen gefunden und linguistische Parität auf allen Ebenen gewährleistet ist. Die belgischen Regierungen, die aus diesen Verhandlungen hervorgehen, haben nur begrenzte Handlungsmöglichkeiten. Bis in die Außenpolitik hinein, die eigentlich Sache der Zentralregierung ist, bestimmen die verschiedenen Regionen entscheidend mit. Als Vorbild für ein föderales Europa taugt Belgien nicht, eher als Warnung davor, wie sich ein Gemeinwesen selbst paralysieren kann.[175]

Wahrscheinlicher als die verspätete Verwirklichung eines europäischen Bundesstaates oder einer europäischen Republik ist die Fortsetzung der Regierungszusammenarbeit innerhalb der Eurozone mit dem Ziel, die Wirtschafts- und Fiskalpolitik in den verschiedenen Mitgliedsländern besser aufeinander abzustimmen. Die bisher von der deutschen Regierung verfolgte Linie, auf diesem Wege Haushaltskonsolidierung und Strukturreformen in allen Euro-Ländern zu erreichen, stößt bei einer Mehrzahl der Mitgliedstaaten auf wachsende Kritik. Sie wird zunehmend als schädliche »Austeritätspolitik« gebrandmarkt und mit dem Hinweis abgelehnt, sie wiederhole die Fehler der großen Weltwirtschaftskrise Ende der 1920er und Anfang der 1930er Jahre. Immer deutlicher fordern Sachverständige und Politiker, die Spar-

---

175 Vgl. Tony Judt: The Stateless State: Why Belgium Matters, in: ders.: Reappraisals. Reflections on the forgotten Twentieth Century. London 2009, S. 233–249.

bemühungen mit Wachstumsimpulsen zu verbinden und die Fristen für grundlegende Wirtschaftsreformen zu verlängern. Insbesondere Deutschland muss dieser Konzeption zufolge mehr tun, als den Schuldenstaaten immer nur weitere Sparbemühungen abzuverlangen.[176]

Höhere Lohnabschlüsse, mehr Ausgaben der öffentlichen Hand und ein gesteigerter Konsum in Deutschland sollen helfen, die Wettbewerbslücke in der Eurozone zu schließen. Auf diese Weise, so die Erwartung, würden die Wirtschaft und speziell die Exporte in den Schuldenstaaten endlich wieder wachsen, sodass gerade die Länder im europäischen Süden ihre Leistungsbilanzdefizite allmählich abbauen könnten.[177] Zusätzlich wird der Ruf nach Eurobonds lauter, von denen sich ihre Befürworter, wie der Großinvestor George Soros, eine schlagartige Beruhigung der Finanzmärkte und damit einen schmerzfreien Weg aus der europäischen Schuldenkrise versprechen. Wenn man, so lautete Soros' gewiss nicht ganz uneigennütziger Vorschlag aus einer Rede in Frankfurt Mitte April 2013, den Ländern, die den Fiskalpakt einhalten, gestatten würde, alle ihre bestehenden Staatsanleihen in Eurobonds umzuwandeln, »wäre die positive Wirkung kaum weniger als wunderbar. [...] Die meisten der scheinbar unlösbaren Probleme würden sich in Luft auflösen.«[178]

---

176 Siehe hierzu und zum Folgenden Andrew Moravcsik: Europe after the Crisis, in: Foreign Affairs Mai, Juni 2012, S. 54–68, hier S. 65.

177 So etwa der Vorschlag im jüngsten Länderbericht Deutschland, in: The Economist vom 15. Juni 2013.

178 George Soros: Vortrag im Center for Financial Studies der Goethe-Universität in Frankfurt am Main, gehalten am 9. April 2013, abgedruckt in: FAZ vom 12. April 2013.

Eine stärker wachstumsorientierte Wirtschaftspolitik, kombiniert mit einer weiteren Vergemeinschaftung der Schulden in einer europäischen Haftungsunion, findet innerhalb der Eurozone mehr Befürworter als der in Deutschland favorisierte Lösungsansatz eines strikteren Sparkurses und einer vertieften politischen Integration. Eine europäische Wirtschaftsregierung durch Abstimmung zwischen den nationalen Regierungen propagiert Frankreich als Ergänzung zur Währungsunion schon lange. So stellt sich Präsident Hollande die von ihm geforderte »Neuorientierung Europas« vor. Für die Regierungen in Madrid, Rom oder Athen wäre ein solcher Weg ebenfalls attraktiv. Er würde den Zwang zu weiteren Einsparungen und Strukturreformen verringern, weil sie in einer derartigen Haftungsunion auf den Finanzmärkten zu geringeren Zinssätzen Kredite erhalten würden. Auch die deutschen Parteien links der Mitte könnten sich mit einem solchen Richtungswandel anfreunden. Er ließe sich als eine solidarischere und sozialdemokratischere Ausrichtung Europas präsentieren und begünstigte wenigstens kurz- und mittelfristig die eigene Wählerklientel, die von höheren Lohnabschlüssen und gesteigerten Staatsausgaben profitieren würde.

Dennoch liegen die Haupthindernisse für einen derartigen Lösungsweg in Deutschland. Etwas höhere Lohnstückkosten im Norden Europas wären wahrscheinlich für die Länder mit Leistungsbilanzüberschüssen akzeptabel, wenn sie damit die Wettbewerbsfähigkeit im Süden dauerhaft verbessern könnten. Das Ausmaß an Lohn- und Preissteigerung jedoch, das nötig wäre, um ein Land wie Griechenland auf absehbare Zeit wieder konkurrenzfähig zu machen, würde in Deutschland politisch wie wirtschaftlich kaum toleriert werden, zumal unklar ist, wie die Bundesregierung, selbst beim besten Willen, Arbeitgeber und Arbeitnehmer in Deutschland zu höheren Lohnabschlüssen bewegen könnte, ohne die Tarifautonomie zu verletzen. Eine solche Solidaritätsaktion könnte nur funktionieren, wenn die Eurozone allein auf der Welt wäre. Gerade die deutschen Unternehmen sind aber stark und in wachsendem Maße mit Märkten jenseits des Euroraums und auch außerhalb der EU verflochten. Die Anteile der Exporte in Länder außerhalb der Währungsunion wachsen. Die Prozentzahlen der deutschen Ausfuhren innerhalb der Eurozone gehen hingegen teils drastisch zurück. Seit 1999 sind sie von 46 auf 37 Prozent gesunken.[179]

Mindestens ebenso problematisch wäre die Einführung von Eurobonds. Die Bundeskanzlerin hat sie nicht umsonst für ihre Lebenszeit kategorisch ausgeschlossen. Und das Bundesverfassungsgericht hat in seiner Entscheidung zum ESM angedeutet, dass sie ohne vorherige Volksabstimmung gegen das Grundgesetz verstoßen. Eine Haftungsunion mit Hilfe von Eurobonds oder ähnlichen Instrumenten würde überdies die Risiken von Finanzanlagen im Süden der Eurozone minimieren, obwohl die ökonomischen Voraussetzungen dafür nicht gegeben sind. Dadurch würden eben jene falsche Sicherheit wieder geweckt und jene Fehlanreize erneut gesetzt, die während der ersten zehn Jahre des Euro die aktuelle Notlage erst aufgebaut haben. Als Folge würden erneut Mittel aus produktiven Arbeitsplätzen im Norden abfließen und in den Süden umgelenkt, ohne dass dort die alten Strukturfehler behoben wären. Billige Kreditquellen,

179 Siehe FAZ vom 24. April 2013.

so prognostiziert der Ökonom Hans Werner Sinn, würden vielmehr einige Länder der südlichen Peripherie in dauerhafter Abhängigkeit von Transferzahlungen halten: »Chronische Arbeitslosigkeit und ein zu geringes wirtschaftliches Leistungsniveau bei einem akzeptablen, freilich teilweise von anderen Ländern finanzierten Lebensstandard« wären die Konsequenz.[180]

Die Schwierigkeiten, die in die Krise geführt haben, wurzeln nicht in ungenügenden Transferzahlungen und auch nicht in fehlerhaften politischen Entscheidungsmechanismen. Ihren Kern bilden vielmehr jene politischen, kulturellen, mentalen, auch sozialen und ökonomischen Unterschiede, die gerade die Vielfalt unseres Kontinents ausmachen und ohne die Europa nicht Europa wäre. Diese Unebenheiten lassen sich auch durch veränderte institutionelle Arrangements und weiter gesteigerte finanzielle Solidarität nicht in wenigen Jahren glätten. Sowohl in einer Eurozonenrepublik als auch in einer weiterhin von der Zusammenarbeit nationaler Regierungen geprägten Währungsunion würde ein Gefälle zwischen unterschiedlich entwickelten, verschiedenartig wirtschaftenden und auch politisch-kulturell ungleichen Ländern bestehen bleiben und für permanente Spannung sorgen.

Außerdem entfernen sich in beiden Fällen die wichtigen politischen Entscheidungen immer weiter vom einzelnen Bürger. Eine in Brüssel gestaltete zentrale Finanzpolitik – gleichgültig, ob sie von einem supranationalen Währungskommissar oder von einem durch die nationalen Regierun-

---

180 Vgl. hierzu und zum Folgenden Hans Werner Sinn: Die Argumente von Soros stechen nicht, in: FAZ vom 7. Mai 2013.

gen bestellten Chef der Eurogruppe formuliert wird – ist weiter von den Sorgen und Nöten der europäischen Bürger entfernt als eine, die sich in nationaler Verantwortung befindet. Gleiches gilt für eine zentrale Sozialpolitik, die zwangsläufig die Folge größerer Integration wäre. Sie führt dazu, darauf hat der Publizist Rainer Hank hingewiesen, dass jeder danach trachtet, auf Kosten des anderen zu leben. Dadurch würde nicht nur die Verdrossenheit mit der Politik weiter wachsen, sondern auch gesellschaftliche und wirtschaftliche Ungerechtigkeiten: »Denn die als gerecht empfundenen Konnexe von Risiko und Haftung wie auch der Grundsatz, wer den Nutzen habe, müsse auch für den Schaden aufkommen, wären ein für alle Mal entkoppelt.«[181]

Ein drittes Grundproblem der beiden bisher diskutierten Zukunftsentwürfe besteht darin, dass sie die EU mit der Eurozone gleichsetzen. Die Fortentwicklung der gesamten Union wird von den gegenwärtigen Schwierigkeiten der Währungsunion her konzipiert und darauf reduziert, was deren Zusammenhalt dient. Die Präferenzen der ostmitteleuropäischen Staaten ohne Euro spielen hingegen ebenso wenig eine Rolle wie die Interessen derjenigen Länder in Nord- und Westeuropa, die sich wie Schweden, Dänemark und Großbritannien gegen einen Beitritt zur Gemeinschaftswährung entschieden haben. Auch die spezifischen Anliegen Deutschlands kommen bei einer solchen Betrachtung zu kurz. Als »Zentralmacht« in der Mitte des Kontinents gehen die deutschen Bedürfnisse viel weniger in den Belangen der Eurozone auf als die Interessen süd- und westeuropäischer Länder wie

---

181 Rainer Hank: Solidaritätsverbot. Zur Theorie nationalstaatlicher Souveränität in Europa, in: Merkur 67 (Januar 2013), S. 14–24, hier S. 22–23.

Frankreich oder Spanien.[182] Die deutschen Handelskontakte und Wirtschaftsbeziehungen beschränken sich nicht auf den westlichen und südlichen Saum des Kontinents, sondern erstrecken sich auch nach Osten und Norden.

Auch geostrategisch hat die Bundesrepublik kein Interesse daran, dass sich der Kontinent erneut spaltet, diesmal nicht durch den Eisernen Vorhang des Kalten Krieges, sondern entlang der Außengrenzen des Euroraums. Eine derartige Entwicklung droht aber, wenn die fortdauernden Probleme innerhalb der Währungsunion ihre Erweiterung nach Norden und Osten unmöglich beziehungsweise für potentielle Beitrittskandidaten dauerhaft unattraktiv machen. Im besten Falle verfestigt sich dann innerhalb der EU der Zustand einer Zweiklassengesellschaft von Ländern mit und ohne Euro. Im schlimmsten Fall schwindet bei den EU-Staaten außerhalb der Währungsunion die Bereitschaft zu einer Mitgliedschaft zweiter Klasse derart, dass sie der Union ganz den Rücken kehren. In Großbritannien ist dieser Prozess bereits in vollem Gange.

Nicht zuletzt um zu vermeiden, dass die EU mittel- oder langfristig auf die Eurozone zusammenschrumpft, ist die dritte Zukunftskonzeption den beiden anderen vorzuziehen. Sie setzt auf die flexible Kooperation aller Mitgliedstaaten in einer EU, die gemeinsame Institutionen hat und sich gemeinsame Grundregeln des Zusammenlebens gibt, die aber vom Ziel einer immer engeren Einheit der ihr angehörenden Staaten und Institutionen ebenso Abschied nimmt

---

182 Der Begriff der »Zentralmacht« geht zurück auf Hans-Peter Schwarz: Zentralmacht Europas. Deutschlands Rückkehr auf die Weltbühne. Berlin 1994.

wie von der Idee einer einheitlichen Regulierung und Normierung möglichst vieler Lebensbereiche. Eine solche EU wäre weniger als ein Bundesstaat, weniger als die Vereinigten Staaten von Europa oder eine europäische Republik. Sie wäre aber mehr als eine bloße Freihandelszone.

Der britische Historiker und Publizist Timothy Garton Ash hat die Leitgedanken einer derartigen Konzeption unter dem Stichwort einer »liberalen Ordnung« für Europa schon vor 15 Jahren umrissen.[183] Er ging dabei von der Überlegung aus, Europa müsse im 21. Jahrhundert die beiden Extreme vermeiden, zwischen denen es während eines Großteils seiner modernen Geschichte unglücklich hin- und hergependelt sei: »blutige Unordnung einerseits und andererseits eine hegemoniale Ordnung, die selbst auf Gewaltanwendung und Unterdrückung von nationalen und demokratischen Bestrebungen innerhalb ihrer konstitutiven Reiche, Blöcke oder Interessensphären beruhte«. Die liberale Ordnung Europas gründete für ihn auf dem Prinzip des Gewaltverzichts bei der Austragung von Konflikten. Sie sollte dezidiert nicht-hegemonial sein und die Nationen als konstitutive Ordnungselemente Europas ebenso anerkennen wie die Grenzen eines strikten Nationalstaatsprinzips in multi-ethnischen oder multi-kulturellen Regionen wie dem Balkan. Sie erlaubte den einzelnen Mitgliedstaaten Zweckbündnisse zu einzelnen Themen und auf einzelnen Politikfeldern. Sie zementierte aber innerhalb der Union keine dauerhaften Allianzen.

---

183 Siehe hierzu und zum Folgenden Timothy Garton Ash: Europa: Für eine liberale Ordnung, in: ders.: Zeit der Freiheit. Aus den Zentren von Mitteleuropa. München, Wien 1999, S. 336–354, Zitat S. 354.

Die EU sollte dieser Vorstellung zufolge darauf verzichten, sich als Weltmacht gegen China, Russland oder gar gegen die Vereinigten Staaten zu definieren. Sie sollte aber nicht notwendigerweise vor dem koordinierten Einsatz militärischer Macht zurückschrecken, um ihre Grundregeln in Europa selbst oder in angrenzenden Gebieten von vitalem Interesse, etwa in Nordafrika oder im Nahen Osten, zu verteidigen. Garton Ash beschloss sein Plädoyer mit der Bemerkung, es sei ein dringenderes und geschichtlich betrachtet auch realistischeres Ziel für die europäische Politik, eine derartige liberale Ordnung zu festigen und schrittweise auf dem gesamten Kontinent auszubreiten, als vergeblich nach der vollendeten Vereinigung eines Teils zu streben. Die liberale Ordnung sei keineswegs ein weniger idealistisches Ziel. Einheit sei kein primärer Wert in sich, sondern nur ein Mittel zu höheren Zwecken: »Dagegen schließt die liberale Ordnung nicht nur einen, sondern gleich zwei primäre Werte direkt in sich: Frieden und Freiheit.«

Garton Ashs Vorstellung von einer flexiblen und weltoffenen EU markiert noch heute, nachdem sich die Zahl der Unionsmitglieder auf 28 erhöht hat und die gemeinsame Währung realisiert worden ist, eine Konzeption, über die sich in den Grundzügen fast alle moderat europafreundlichen Kräfte im Vereinigten Königreich einig sind. Kritiker könnten behaupten, die britische Position habe sich eben in den vergangenen zwei Jahrzehnten, seit den Tagen John Majors, kein Jota bewegt. Man könnte aber auch sagen, die Briten vertreten in der Europapolitik einen konsistenten Standpunkt, der alle Veränderungen der vergangenen zwanzig Jahre besser überstanden hat als etwa die deutschen oder französischen Zukunftsentwürfe.

Auf dieser Linie liegen auch die Vorschläge, die der britische Premierminister in seiner Europarede im Januar 2013 unterbreitet hat.[184] David Cameron hat darin eine Zukunftsvision für die EU entworfen, die um die fünf Grundprinzipien der Wettbewerbsfähigkeit, Flexibilität, Subsidiarität, demokratischen Verantwortung und Fairness kreiste. Das vertraglich vereinbarte Ziel einer immer engeren Einheit wollte er auf die Bevölkerung der EU bezogen wissen, nicht auf die Staaten und Institutionen. Wesentliches Fundament müsse weiterhin der Binnenmarkt sein, der alle Mitgliedstaaten umfasst, und nicht die Währungsunion, der nur einige von ihnen angehörten. Cameron warb für eine flexiblere Struktur der EU, um der Vielfalt ihrer Mitgliedstaaten und deren unterschiedlichen Interessen gerecht zu werden. Die wichtigsten Zukunftsaufgaben erblickte er darin, die Wettbewerbsfähigkeit der EU-Länder zu verbessern, damit diese in der globalen Konkurrenz besser bestehen könnten. Darüber hinaus müssten die nationalen Parlamente künftig eine wichtigere Rolle in der europäischen Politik spielen. Einige der an Brüssel abgetretenen Aufgaben sollten wieder in nationale Zuständigkeit überführt, also gleichsam »repatriiert« werden. Anders sei die wachsende Entfremdung der EU von ihren Bürgern nicht zu beheben, denn letztlich blieben die nationalen Volksvertretungen die wahre Quelle demokratischer Legitimität und Rechenschaftspflicht in der EU.

In Deutschland ist die Rede des britischen Premierministers fast reflexhaft kritisch aufgenommen worden. In vielen Leitartikeln wurden ausschließlich die innenpolitischen

---

184 David Cameron, Bloomberg-Rede am 23. Januar 2013; https://www.gov. uk/government/speeches/eu-speech-at-bloomberg (3. Juni 2013).

Hintergedanken seziert, die Cameron mit seinen Ausführungen verfolgte. Außenminister Westerwelle warnte, die Briten dürften sich nicht die Rosinen aus dem Kuchen der EU herauspicken.[185] Unterschwellig fremdelten viele in Deutschland schon deswegen mit den Ausführungen des Premierministers, weil Cameron sich ausdrücklich dazu bekannte, die EU sei für die Briten eine praktische und keine emotionale Angelegenheit. Die Union sei ein Mittel zum Zweck von mehr Wohlstand, Stabilität, Freiheit und Demokratie in Europa, aber kein Ziel an sich. Jede Sakralisierung der europäischen Einigung ist den Briten fremd. Die ideologische Überhöhung, die wir in Deutschland dem Integrationsprozess oft angedeihen lassen, behält man sich in England für die eigene Nation vor. Das »Tremolo in den Europa-Reden«, vor dem es den deutschen Religionssoziologen Hans Joas schaudert, bekommt man in Großbritannien nicht zu hören.[186]

Gefühlsmäßig ist daher die Nordsee, die Deutschland von England gerade im Hinblick auf die Europavorstellungen trennt, in der Tat tief und breit. Dabei wird jedoch oft übersehen, dass es beträchtliche Übereinstimmungen zwischen Großbritannien und Deutschland gibt. Die durch deutsch-britische Kooperation ermöglichte Einigung über das jüngste EU-Budget hat gezeigt, wie gemeinsame Positionen in der Haushaltspolitik produktiv gemacht werden können. Auch bei den wirtschafts- und industriepolitischen Vorstellungen sind sich beide Länder nahe. Bei der Einstel-

---

185 Siehe etwa SZ vom 24. Januar 2013.
186 Hans Joas: Mich schaudert das Tremolo in den Europa-Reden, in: FAS vom 6. Oktober 2012.

lung zum Freihandel und zum Binnenmarkt decken sich ihre Ansichten weitgehend. Im Hinblick auf das Grundverständnis von den Aufgaben des Staates oder der Rolle des Rechts verbindet uns mit den britischen Vorstellungen ebenfalls mehr als mit den französischen.

Viele Vorschläge Camerons harmonieren bei Lichte betrachtet durchaus mit deutschen Ideen über die Zukunft der EU. Auch bei uns verdichtet sich beispielsweise der Eindruck, dass die europäische Einigung nur dann eine Zukunft hat, wenn der Europäische Gerichtshof, das Parlament und die Kommission das Subsidiaritätsgebot ernster nehmen als bisher und die Verlagerung von Aufgaben nicht als eine Einbahnstraße von den nationalen Hauptstädten nach Brüssel betrachten. In diesem Sinne hat der ehemalige CDU-Abgeordnete und Bundesverfassungsrichter Hans Hugo Klein – unter explizitem Verweis auf Cameron – einer »Repatriierung« von Zuständigkeiten der EU das Wort geredet und eine nachhaltige Ausdünnung des europäischen Normengeflechts gefordert: Man müsse sich »auf das für die Selbstbehauptung der europäischen Staaten unabdingbar notwendige Maß an supranationaler Einheit« zurückbesinnen.[187]

Ralf Fücks, einer der Vor- und Querdenker der Grünen, hat ebenfalls Überlegungen zur Zukunft der EU veröffentlicht, die erstaunliche Berührungspunkte mit Camerons Ideen aufweisen. Unter der Überschrift »Jeder, mit wem er will« warb Fücks dafür, sich das künftige Europa nicht länger als ein von einem Zentrum aus regiertes Gebilde vorzustellen, sondern »als ein flexibles Netzwerk europäischer

---

187 Hans Hugo Klein: Überfordert, in: FAZ vom 31. Mai 2013.

Staaten mit gemeinschaftlichen Institutionen, in denen sie ihre gemeinsamen Angelegenheiten regeln«.[188] Auf absehbare Zeit würden die nationalen Regierungen und Parlamente maßgebliche Akteure im europäischen Konzert bleiben. Vergemeinschaftung solle als »horizontale Integration, nicht als Zentralisierung europäischer Politik« stattfinden. Die EU sei kein Empire, das von einem Zentrum aus regiert werde. Sie brauche gemeinsame Ziele und Regeln, ohne die Eigenverantwortung der Staaten zu suspendieren. Politikversagen in den Mitgliedstaaten könne nicht durch »mehr Europa« kompensiert werden. Die Zukunft der europäischen Demokratie entscheide sich vor allem in den einzelnen Staaten.

Fücks zufolge benötigte man nicht nur verbindliche Normen und Ziele, die auf europäischer Ebene vereinbart würden. Mindestens ebenso wichtig sei der Wettbewerb um die besten Lösungen in den einzelnen Staaten und Regionen. In Brüssel solle nur entschieden werden, was zwingend europäisch geregelt werden muss. Zentralisierung hält der Grünenpolitiker im digitalen Zeitalter für ein anachronistisches Modell. In einer dynamischen Umwelt seien dezentrale Systeme überlegen, weil sie flexibler und anpassungsfähiger als träge Großorganisationen auf Veränderungen reagieren könnten. Statt der fixen Idee nachzujagen, die ökonomischen, politischen und kulturellen Unterschiede in Europa einzuebnen, sollte man die EU als Rahmen für vielfältige Kooperationsnetze betrachten. Ein solches System variabler Koalitionen ist etwas anderes als die Idee eines verfestigten »Kerneuropa«, das die EU in einen inneren und einen äußeren Kreis

188 Ralf Fücks: Jeder, mit wem er will, in: FAS 24. November 2012.

spalten würde. Es böte auch Großbritannien und anderen integrationsskeptischen Ländern Raum, ohne sie das Tempo bestimmen zu lassen. Zugleich wäre es offen für neue Mitglieder vom westlichen Balkan bis zum Schwarzen Meer.

Eine derartige flexible und dezentrale Ordnung Europas hätte für Deutschland über die von Fücks genannten Aspekte hinaus einen zusätzlichen Vorteil: Größe und Wirtschaftskraft unseres Landes wären in einem weiteren und lockereren Verbund, der auch Großbritannien, Schweden, Dänemark, Polen und die anderen ostmitteleuropäischen Staaten gleichberechtigt einschließt, leichter auszutarieren und für alle Beteiligten erträglicher zu gestalten als in einem wirtschaftlich und fiskalisch festgezurrten, engeren Euroraum mit süd- und westeuropäischer Schlagseite, in dem Deutschland einerseits übermächtig erscheint, sich aber andererseits in einer ständigen Minderheitenposition und Isolationsgefahr befindet.

Außerdem wäre mit einer weltoffeneren, liberaleren EU inklusive Großbritannien eine Stärkung der Verbindung zu den USA, etwa in Form einer transatlantischen Freihandelszone, leichter zu bewerkstelligen als mit einem auf Süd- und Westeuropa reduzierten und zum Protektionismus tendierenden Rumpf, in dem die anti-amerikanischen Reflexe der französischen Außenpolitik ein größeres Gewicht hätten. Auch wenn die Vereinigten Staaten durch eine Periode der relativen Schwäche gehen, bleiben sie aus deutscher Sicht der schlechthin unverzichtbare Partner und Sicherheitsanker.

Für das deutsch-französische Verhältnis brächte ein Kurswechsel hin zu einer flexibleren und dezentraleren europäischen Ordnung anfangs möglicherweise zusätzliche Spannungen mit sich, so wie auch die von Kohl in den 1990er

Jahren forcierte Osterweiterung der EU in Paris zunächst auf wenig Gegenliebe gestoßen ist. Andererseits hat auch Frankreich strategisch ein Interesse daran, dass Großbritannien in der EU bleibt und Polen nicht dauerhaft an den Rand gedrängt wird. Jedenfalls war Präsident Pompidou Anfang der 1970er Jahre nicht zuletzt deswegen von de Gaulles Veto gegen einen britischen Beitritt zur EG abgerückt, weil er sich von einer Mitgliedschaft Großbritanniens einen Gegenpol zu dem durch die Neue Ostpolitik weiter gewachsenen Gewicht der Bundesrepublik versprach. Außerdem dürften es vielleicht gerade die französischen Sozialisten langfristig vorziehen, in einer weniger eng verbundenen EU größere Spielräume für eine nationale Wirtschafts- und Sozialpolitik zu behalten oder wiederzugewinnen. Denn die Alternative besteht in einer Fortsetzung beziehungsweise Intensivierung des unerbittlicheren Konkurrenz- und Kostendrucks in einer Währungs- und Fiskalunion mit Deutschland.

Jedenfalls tut die wechselseitige Fixierung der Regierungen in Berlin und Paris aufeinander beiden Seiten – und auch der EU insgesamt – nicht gut. Der Ratschlag des Philosophen Peter Sloterdijk, Deutsche und Franzosen sollten endlich von ihrer »pathogenen gegenseitigen Faszination« lassen und zu einer wohlwollenden gegenseitigen Nichtbeachtung finden, hat durchaus etwas für sich.[189] Auch in Frankreich sehen das einige Beobachter inzwischen so. Es sei an der Zeit, hat beispielsweise der *Le-Monde*-Journalist und frühere Deutschlandkorrespondent Arnaud Leparmen-

---

189 Peter Sloterdijk: Theorie der Nachkriegszeiten. Bemerkungen zu den deutsch-französischen Beziehungen seit 1945. Frankfurt am Main 2008, S. 67.

tier empfohlen, dass das deutsch-französische Paar seine Beziehung lockern möge.[190]

Ob zu den unterschiedlichen Kooperationsnetzen einer dezentraleren EU dauerhaft auch eine Währungsunion gehören muss, ist eine durchaus offene Frage. Prinzipiell wäre mit dem Modell einer flexibleren Europäischen Union die Rückkehr zu einem System fester, aber anpassungsfähiger Wechselkurse durchaus vereinbar. Ein solches Regime würde es ermöglichen, mit Hilfe kontrollierter Auf- und Abwertungen der nationalen Währungen Druck abzubauen, wenn die Löhne und Preise sich in den verschiedenen Ländern über längere Zeit auseinanderentwickeln. Fiskaltransfers und von der EU erzwungene Eingriffe in die Haushalts-, Sozial- oder Arbeitsmarktpolitik der Einzelstaaten wären dann überflüssig.

Aber auch eine Gemeinschaftswährung bliebe eine Option. Ihre Mitglieder müssten allerdings – nach einem europäischen Lastenausgleich oder Schuldenschnitt, der Länder wie Griechenland, Spanien oder Portugal aus ihrer momentan ausweglosen Situation befreit – zu fiskalischer Selbstverantwortung zurückkehren. Sie müssten sich an die einmal vereinbarten Spielregeln halten und damit auch die Haftung für die von ihnen verantwortete Politik tragen. Anders ist die Wahrung nationaler Selbstbestimmung in der Wirtschafts- und Finanzpolitik nicht zu haben. »Wer sich nicht an die Regeln hält, entscheidet sich für den Austritt aus dem Euroverbund«, so hat Hans Jörg Häfele, einstmals Parlamentarischer Staatssekretär bei Finanzminister Gerhard

---

190 Arnaud Leparmentier: Ces Français, fossoyeurs de l'euro. Saint-Amand-Montrond 2012, S. 235.

Stoltenberg, den Grundgedanken eines derartigen »Euro der Willigen« formuliert.[191]

Eine zentrale Lehre der vergangenen Jahre lautet jedoch, dass man sich auf die Einhaltung auch elementarer Regeln in der EU und in der Eurozone nicht verlassen darf. Weder der Maastricht-Vertrag noch der Stabilitäts- und Wachstumspakt oder der Fiskalpakt haben dafür gesorgt, dass sich die Mitglieder der Währungsunion an die getroffenen Abmachungen hielten. Die Vereinbarungen sind umgedeutet, verbogen und gebrochen worden. Die Rückkehr zur Regelhaftigkeit ist zwar oft beschworen, aber nicht verwirklicht worden. Da eine gemeinsame Währung jedoch ohne verbindliche Verhaltensregeln nicht funktionieren kann, müsste die deutsche Regierung im Notfall auch zu einseitigen Schritten bereit sein, um dafür zu sorgen, dass die Bestimmungen befolgt werden. Frankreich hat unter Präsident de Gaulle von Juli 1965 bis Januar 1966 aus nichtigerem Anlass eine Politik des leeren Stuhls betrieben, um über den Boykott der Ratssitzungen eigene Vorstellungen über die Finanzierung und Organisation der Gemeinschaft durchzusetzen.

Das als alternativlos deklarierte Krisenmanagement, das in den vergangenen drei Jahren zum Charakteristikum der deutschen Europapolitik geworden ist, stößt jedenfalls erkennbar an seine Grenzen. Schnelles und bewegliches Reagieren auf unvorhergesehene Notsituationen ist wichtig, aber es reicht nicht aus. Nicht nur die jeweils nächsten Schritte zählen, auch die Gesamtausrichtung muss stimmen.

---

191 Hans Jörg Häfele: Ein »Euro der Willigen«, in: FAZ vom 18. Oktober 2012, S. 10.

Dafür braucht die deutsche Europapolitik ein Leitbild. Die skizzierte Konzeption einer offeneren, vielseitigeren und dezentraleren EU sollte dabei als Zielperspektive dienen. Eine derartige Union ist nicht von heute auf morgen zu erreichen. Sie ist aber als Blaupause unverzichtbar, um das Handeln bei der nächsten Zuspitzung der Krise, die eher früher als später zu erwarten ist, daran zu orientieren.

Ein solcher Entwurf hilft festzustellen, ob die kleinen oder großen Schritte bei der nächsten Krisenetappe in die richtige Richtung gehen oder wenigstens den Weg dahin nicht dauerhaft verbauen. Denn das Europa nach der Krise wird, wenn es Bestand haben soll, ein Europa der Vaterländer bleiben. Die einzelnen Nationen werden in ihm als Träger von Demokratie, Recht und Sozialstaat weiter eine zentrale Rolle spielen. Sie werden durch Handel, gemeinsame Interessen und vielfältige gesellschaftliche, kulturelle und rechtliche Verbindungen eng miteinander verflochten sein. Die Mitgliedstaaten werden in der EU weiter ihre eigenen Ziele verfolgen, die teilweise miteinander harmonieren, aber nicht deckungsgleich sind. Wenn wir einseitig die europäische Solidarität beschwören und nationale Traditionen, Denkweisen und Interessen verleugnen, sind wir auf ein Europa fixiert, das es nicht gibt.

Nachwort

Wenn man, wie ich es in diesem Buch getan habe, die historische Prägung von Staaten, Gesellschaften und Individuen betont, dann ist es nur recht und billig, dass der Leser am Ende etwas über die Herkunft des Autors und die Entstehungsgeschichte des Textes erfährt. Meine Familie stammt aus dem Rheintal, väterlicherseits aus dem Südbadischen, buchstäblich in Sichtweite Frankreichs, mütterlicherseits vom Niederrhein, wo man neben Hochdeutsch und Platt auch Niederländisch spricht oder zumindest versteht. Ich wurde 1970 in Freiburg im Breisgau geboren. Meine Schulzeit habe ich im West-Berlin des ausgehenden Kalten Krieges, die meisten Studienjahre im wiedervereinigten Berlin der 1990er Jahre verbracht. Das wichtigste Bildungserlebnis aus dieser Zeit war für mich die Entdeckung Ostmitteleuropas auf studentischen Exkursionen, die uns durch Polen, Tschechien, die Slowakei und das Baltikum bis nach Russland und in die Ukraine geführt haben. Als Wissenschaftler habe ich später fünf Jahre lang in London gearbeitet. Heute forsche und lehre ich an der Universität Bonn.

Meine Beschäftigung mit der historischen Sprengkraft des Euro reicht bis Anfang 1997 zurück. Damals war ich

Wissenschaftlicher Mitarbeiter am Lehrstuhl von Arnulf Baring an der Freien Universität Berlin. Seinerzeit rangen die Regierungen in der EU um die Frage, wann die Währungsunion beginnen und welche Länder ihr angehören sollten. Eine breite Debatte über Sinn und Zweck dieses Unterfangens hatte es in Deutschland bis dahin nicht gegeben. Baring gehörte zu den wenigen, die versuchten, eine kritische Diskussion in Gang zu setzen. In seiner Studie »Scheitert Deutschland?«, an der ich mitgearbeitet hatte, argumentierte er, die Einheitswährung könne ökonomisch nicht funktionieren und sei politisch kontraproduktiv. Sie drohe Deutschland in der EU zu isolieren und werde letztlich in ein gigantisches Erpressungsmanöver münden.

Die erhoffte öffentliche Auseinandersetzung kam damals nicht zustande. Für die Bundesregierung unter Helmut Kohl hatte der Euro oberste Priorität. Die großen Unternehmen, Wirtschaftsverbände und Banken waren dafür. Im Bundestag gab es über die Parteigrenzen hinweg wenig Widerspruch. Die Bevölkerung wurde nicht gefragt. Aufgrund meiner eigenen Beschäftigung mit dem Thema verfolgte ich die Entwicklung der folgenden Jahre teils mit Erleichterung, weil sich meine schlimmsten Sorgen zunächst nicht bewahrheiteten, teils mit Skepsis, denn ich konnte nicht glauben, dass eine derartige Fehlkonstruktion lange Bestand haben würde. In London, wo ich von 2000 bis 2005 am Deutschen Historischen Institut arbeitete, bestätigte die britische Sicht der Dinge meine Zweifel. Anders als man in Deutschland oft annimmt, beruhte die Entscheidung des Vereinigten Königreichs, der Währungsunion fernzubleiben, nur zum geringeren Teil auf dem schrulligen Sonderbewusstsein eines Inselvolks. Zum größeren Teil fußte sie auf einer kühlen Abwägung von Chancen und Risiken, wie sie in Deutschland versäumt worden war.

Als ab 2010 die Geburtsfehler des Euro immer krasser zutage traten, beobachtete ich erstaunt und besorgt, mit welch dürftigen historischen Argumenten die Verfechter der europapolitischen Orthodoxie in Deutschland operierten. Oft endeten die Begründungen in einem geschichtlichen Kurzschluss: Die europäische Einigung sei die Antwort auf die deutsche Katastrophe der ersten Hälfte des 20. Jahrhunderts. Die Einheitswährung bleibe eine Frage von Krieg und Frieden. Wer anderes behaupte, sei geschichtsvergessen. Das Gegenteil scheint mir richtig zu sein: Die überkommenen historischen Begründungen der Integration hatten sich in der großen europäischen Krise unserer Tage ins Gegenteil verkehrt – ohne dass dies in der öffentlichen Diskussion eine Rolle spielte.

Nachdem ich diesen Gedanken im Oktober 2012 in einem Artikel in der Süddeutschen Zeitung erläutert hatte, meldete sich Christian Strasser bei mir. Meine These leuchtete ihm ein und er regte an, sie in einem Buch breiter auszuführen, das er verlegen wolle. In den folgenden Monaten präzisierte ich meine Überlegungen in langen, teils kontroversen Diskussionen mit Freunden, Bekannten und Kollegen: mit Arnulf Baring, Johannes Beimesche, Carsten Burhop, Matthias Graf von Kielmansegg, Sascha Lehnartz, Andreas Rödder, Deniz Sertcan und Ricarda Vulpius. Bei der Suche nach einem passenden Titel war mir Thymian Bussemer behilflich.

Für die volkswirtschaftlichen und währungspolitischen Zusammenhänge war der Rat von Sieghardt Rometsch unverzichtbar. Der erfahrene Bankier hat sich so lange und intensiv wie kaum ein anderer mit den Problemen einer europäischen Währungsunion beschäftigt, seit er als junger Mann in den 1960er Jahren bei Walter Hallstein in der Europäischen Kommission tätig und später mit einer Arbeit über das Problem der Währungsunion im Gemeinsamen Markt promoviert worden war.

Für eine Bewertung der rechtlichen Dimension der europäischen Krise danke ich meinem Vater, Klaus Geppert, emeritierter Strafrechtsprofessor, und meinem Schwiegervater, Franz-Michael Klemt, Richter a. D. am Berliner Kammergericht, die beide den ganzen Text gelesen, kundig kommentiert und ihren juristischen Sachverstand und Scharfsinn eingebracht haben.

Hanns Jürgen Küsters hat mir die Gelegenheit gegeben, einige meiner Thesen auf einem Workshop der Konrad Adenauer-Stiftung in Berlin vorzustellen. Zusammen mit Guido Thiemeyer (Cergy-Pontoise) habe ich in Bonn eine kleine internationale Tagung über die deutsche Frage in der europäischen Schuldenkrise organisiert, bei der ich von den Kollegen Michael Gehler (Wien), Christian Hillgruber und Ludger Kühnhardt (beide Bonn), Ireneusz Karolewski (Breslau), Rémi Lallement (Paris), Frank Müller (St. Andrews) und Hubert Zimmermann (Marburg) viel gelernt habe.

Maximilian Müller-Härlin, Andreas Rose und Christoph Studt haben ebenso wie meine Frau Christina das gesamte Manuskript gelesen. Ihre fundierte, konstruktive Kritik hat meine Argumentation stringenter und den Text lesbarer gemacht.

Besonders großen Dank schulde ich meinen Mitarbeitern Benjamin Behschnitt und Peter Beule. Sie haben über mehrere Monate intensiv und tatkräftig an der Entstehung des

Manuskripts mitgewirkt, Materialien zusammengetragen, die Tagespresse ausgewertet, Belege herausgesucht, Formulierungen und Ideen beigesteuert. Nicht in allen Punkten waren sie meiner Meinung, was unsere zahllosen Redaktionsrunden umso fruchtbarer gemacht hat. Ohne ihre Zielstrebigkeit, ihren Einfallsreichtum und ihre Findigkeit wäre dieses Buch wohl nicht rechtzeitig fertig geworden. Zum Schluss hat auch Jonas Klein eine helfende Hand angelegt. Das Personenregister hat Gaby Nohr erstellt.

Von der Verlagsseite haben mir Diethild Bansleben, Petra Lölsberg und Franz Leipold auf unkomplizierte und zupackende Art und Weise alle Unterstützung und Hilfe gegeben, die sich ein Autor nur wünschen kann. Christian Strasser hat eher als ich daran geglaubt, dass dieses Buch geschrieben werden sollte. Ohne seine Energie und Vorstellungskraft wäre es nicht entstanden.

Meine Hoffnung ist, dass diesmal gelingt, was bei der Einführung des Euro unterblieb: in Deutschland eine offene Diskussion über die Zukunft Europas zu führen, die nicht von vornherein auf ein bestimmtes Ergebnis festgelegt ist, keine übertriebene Rücksicht auf die Sprachregeln politischer Korrektheit nimmt und nicht allein das Wünschbare wahrnimmt. Nur wer unvoreingenommen verschiedene Alternativen abwägt, kann zu haltbaren Ergebnissen kommen. Wenn dieses Buch dabei hilft, hat es seinen Zweck erfüllt.

Ein Register zum Buch können Sie auf der Homepage meines Lehrstuhls an der Universität Bonn unter der Liste meiner Publikationen herunterladen.

»Was wir durch den Euro erleben, ist nicht der Aufstieg, sondern der Abstieg Europas«

Ein absehbares Ende der Eurokrise ist eine Illusion, sagt David Marsh. Die Länder der Europäischen Währungsunion seien zu erbitterten Gegnern in einem Stellungskrieg geworden, in dem es keine Sieger geben kann. Marsh glaubt nicht mehr an die Vision eines wirtschaftlich starken, vereinten Europas. Stattdessen müssten wir uns auf eine lange Phase der Instabilität und der wirtschaftlichen Stagnation einstellen.

»Ein sehr gut geschriebenes Buch. Obwohl ich durchaus optimistischer als David Marsh bin, was die Möglichkeiten einer politischen und wirtschaftlichen Lösung der Euro-Krise angeht, zeigt er sehr genau all die großen Probleme auf, denen sich die führenden Politiker Europas aktuell gegenübersehen.«

Gerhard Schröder,
ehemaliger Kanzler der Bundesrepublik Deutschland

Mehr über unsere Bücher
www.europa-verlag.com

David Marsh

Beim Geld hört der Spaß auf

Mit einem
Vorwort von
Karl Otto Pöhl

Warum die Eurokrise nicht mehr lösbar ist

EUROPAVERLAGBERLIN

176 Seiten, Klappenbroschur
ISBN 978-3-944305-30-1

Das Buch

Richard Friedenthals neues großes historisch-biographisches Werk
führt nach Böhmen, dem Kernland des Abendlandes zwischen
1350 und 1450 – in ein unruhiges, leidenschaftliches Jahrhundert,
in eine Epoche größter Zerrissenheit, in der gleichzeitig drei
Päpste regierten sowie drei deutsche Könige und Kaiser und in
der Frankreich und England zum »Hundertjährigen Krieg« an-
traten. Vor diesem Hintergrund schildert das Buch die verzwei-
felte Suche nach einer neuen Einheit, einem hohen Ziel, dem der
Prager Magister Jan Hus alle Energie und alle Gedanken wid-
mete und für das er schließlich auf dem Konzil zu Konstanz sein
Leben auf dem Scheiterhaufen ließ. Er löste die erste wirkliche
und große Revolution aus, die diesen Namen verdient. Seine
Person, sein Tod als »Ketzer« und »Volksverführer« gab der Bewegung Namen und Vorbild. Zum ersten Mal kämpfte eine
»Nation« um ihre Existenz – unter religiöser Parole und mit sozialen Zielen. »Richard Friedenthals Buch vereinigt Wissenschaft
und Dichtung, ohne daß dadurch eines der wenig ersprießlichen
Mischprodukte entstand, vielmehr ein fesselndes und lesbares
Buch auch dort noch, wo es die schwierigen und spitzfindigen
theologischen Streitigkeiten und Haarspaltereien jener Zeit dar-
stellt . . . Ein Buch, das beweist, daß geistig-geistliche und politische Auseinandersetzungen, daß Geschichte keineswegs trocken
sein muß, vielmehr fesseln und darüber hinaus von gegenwärtiger
Aktualität sein kann.« (Eßlinger Zeitung)

Der Autor

Richard Friedenthal wurde 1896 in München geboren. Nach dem
Ersten Weltkrieg Studium der Literaturgeschichte, der Philologie
und Kunstgeschichte. Bis zu seiner Emigration nach England im
Jahr 1938 war er als freier Schriftsteller, Lektor und Verlags-
leiter tätig, von 1945 bis 1950 als Herausgeber und Redakteur
der ›Neuen Rundschau‹ im S. Fischer Verlag. Heute lebt er in
London. Friedenthal veröffentlichte zahlreiche Gedichte, Romane
und Reisebeschreibungen; bekannt wurde er jedoch vor allem
durch seine Biographien: ›Goethe. Sein Leben und seine Zeit‹
(1963), ›Luther. Sein Leben und seine Zeit‹ (1967).